제 1 부

제 2 부

자유 평등 정의

제 1 부

새롭게 변화하는 세상
사회의 가치 기준을 제시합니다

국민참여재판, 피고인에게 원하는지 여부를 묻지 않았다면?

대법원 2013. 1. 31. 선고 2012도13896 판결

사안 바라보기

한 남자가 과거에 사귀던 여자친구의 집에 찾아가 그녀를 추행하며 상해를 가해 재판을 받게 되었다. 공소장에 기재된 죄는 국민참여재판을 받을 수 있는 것이었으나, 1심법원은 피고인에게 국민참여재판을 받고 싶은지 여부를 묻지 않고 재판을 진행하여 징역 5년을 선고했다. 이어 2심법원에서도 이를 확인하지 않고 재판한 후 항소기각 판결을 선고했다. 피고인은 무죄를 주장하지만 피고인의 범행을 입증할 증거가 충분한 상황에서 두 법원의 판결에는 문제가 없는 것일까? 만약 위법하다면 피고인은 어떻게 될까?

1, 2심 법원의 판결은 피고인의 국민참여재판에 대한 권리를 침해한 상태에서 선고된 것으로 위법하다. 따라서 피고인은 1심부터 다시 재판을 받게 된다.

깊게 들여다보기

옛 여자친구를 강제 추행하다가 상처를 입히고 재판을 받는데…

A(남, 36세) 씨는 과거에 사귀던 B(여, 45세) 씨의 집에 침입하고 그녀를 강제추행해 전치 4주의 상해를 입혔다. 이로 인해 A 씨는 구 성폭력범죄의 처벌 등에 관한 특례법에 의거해 기소되어 00지방법원 △△지원에서 1심 재판을 받게 되겠다. 재판에서 징역 5년형을 선고받은 A 씨가 무죄를 주장하며 항소하자 고등법원은 피고인의 범행을 입증할 증거가 충분한 상황이므로 항

소기각 판결을 선고했다.

두 법원 모두 A 씨에게 국민참여재판을 원하는지 묻지 않았고…

A 씨에 대한 공소장에 기재된 위 사건은 합의부 관할 사건으로서, 국민의 형사재판 참여에 관한 법률(이하 '참여재판법'이라 함)이 정하는 국민참여재판의 대상사건이다. 그런데 00지방법원 △△지원은 A 씨에게 국민참여재판을 원하는지 여부를 묻지 않은 채 법관에 의한 통상의 공판절차를 진행한 후 징역형을 선고했다. A 씨가 항소한 고등법원에서도 '1심법원이 피고인에 대해 국민참여재판을 원하는지에 관한 의사를 확인하였는지'를 묻지 않고 그대로 재판을 진행한 후 항소기각 판결을 선고했다.

국민참여재판에 대한 피고인의 의사를 확인하지 않으면 위법하다!

국민참여재판의 대상이 되는 사건은 국민참여재판의 절차에 따라 진행되는 것이 원칙이고, 피고인이 이를 원하지 않거나 법원이 참여재판법의 규정에 따라 배제결정을 하는 경우에만 예외적으로 국민참여재판을 하지 않는다. 국민참여재판의 실시 여부는 일차적으로 피고인의 의사에 따라 결정되므로 그 대상사건에 대한 공소제기가 있으면 법원은 피고인에 대하여 국민참여재판을 원하는지 반드시 확인해야 한다. 만일 이러한 절차를 거치지 않고 통상의 공판절차로 재판을 진행했다면 이는 피고인의 국민참여재판을 받을 권리에 대한 침해로서 그에 따른 판결은 위법하다. 또한 2심법원이 1심법원의 절차적 위법에 대한 피고인의 의사를 묻지 않은 채 그대로 선고한 판결도 위법하다. 대법원은 위와 같은 이유로 2심법원의 판결을 파기하고 사건을 고등법원으로 돌려보냈다. 설령 피고인이 유죄라고 볼 증거가 충분하고 나중에 피고인이 국민참여재판의사를 철회하는 경우가 발생하더라도, 법원은 국민참여재판 대상사건의 피고인에게 반드시 그 의사를 확인해야 함을 분명히 한 것이다.

관련 규정 돋보기

국민의 형사재판 참여에 관한 법률

• **제5조(대상사건)**

① 다음 각 호에 정하는 사건을 국민참여재판의 대상사건(이하 "대상사건"이라 한다)으로 한다.

1.「법원조직법」 제32조 제1항(제2호 및 제5호는 제외한다)에 따른 합의부 관할 사건
(이하 생략)

② 피고인이 국민참여재판을 원하지 아니하거나 제9조 제1항에 따른 배제결정이 있는 경우는 국민참여재관을 하지 아니한다.

• **제8조(피고인 의사의 확인)**

① 법원은 대상사건의 피고인에 대하여 국민참여재판을 원하는지 여부에 관한 의사를 서면 등의 방법으로 반드시 확인하여야 한다. 이 경우 피고인 의사의 구체적인 확인 방법은 대법원 규칙으로 정하되, 피고인의 국민참여재판을 받을 권리가 최대한 보장되도록 하여야 한다.

한 걸음 더

대법원 판결 선고 뒤…

• 이러한 대법원의 판결이 선고된 후 환송심인 고등법원에서 피고인 A 씨는 국민참여재판을 희망한다는 의사를 밝혔다. 이에 따라 사건은 원래 1심을 진행한 ○○지방법원 △△지원으로 환송되었다. ○○지방법원 △△지원은 국민참여재판에 회부하는 결정을 했는데, 현재 국민참여재판은 지방법원 본원에서만 시행되므로 사건을 ○○지방법원으로 이송했다. 그런데 피고인 A 씨는 ○○지방법원에서 진행된 재판에서 국민참여재판의사를 철회하여 결국 법관에 의한 통상적인 재판을 받게 되었다. ○○지방법원은 원래의 1심 판결과 같은 징역 5년을 선고했고, 피고인이 다시 불복하였으나 고등법원을 거쳐 대법원에서 위 판결이 그대로 확정되었다.

위법한 강제연행, 이제 그만!

대법원 2013. 3. 14. 선고 2012도13611 판결

사안 바라보기

경찰관들은 모텔에서 마약을 투약한 혐의가 의심되는 K 씨에게 경찰서로 함께 가줄 것을 요구했다. K 씨는 거부의사를 분명히 밝혔으나 경찰관들은 그를 경찰서로 강제연행했다. K 씨를 현행범으로 체포하거나 긴급체포하는 등 영장 없이 체포할 수 있는 상황도 아니었다. 그런데 수사결과 K 씨의 마약투약 혐의는 사실로 밝혀졌다. 이 때 수사기관은 K 씨를 마약투약 혐의로 처벌할 수 있을까?

K 씨가 현행범에 해당하거나 긴급체포 사유가 있지 않는 한 경찰관들은 영장 없이 동행을 거부하는 그를 강제로 연행할 수는 없다. 거부의사를 밝혔는데도 K 씨를 강제로 연행한 경찰관의 행위는 상황에 따라 불법 체포가 될 수도 있다.

깊게 들여다보기

마약투약 혐의로 경찰에 강제연행된 K 씨

2012년 5월 5일 새벽 1시쯤 K 씨가 마약을 투약한 것 같다는 신고를 받은 경찰관들은 그가 투숙하고 있는 모텔방으로 들어갔다. K 씨는 모텔방 안에서 운동화를 신고 안절부절 못하면서 경찰관 앞에서 바지와 팬티를 내리는 등 비정상적인 행동을 하고 있었다. K 씨의 마약투약을 의심한 경찰관들은 그가 거부하는데도 경찰서로 강제연행했다. K 씨는 경찰서에서 경찰관의 요구로 종이컵에 소변을 받아 경찰관에게 건네주었고, 소변검사결과 마약(필로폰) 성분이 검출되었다. 마약투약 혐의로 기소된 K 씨는 재판에서 경찰관이 자신을 불법적으로 강제연행한 상태에서 소변을 채취한 것이 위법하기 때문에 소변에 대한 감정결과를 증거로 사용할 수 없다고 주장했다.

대법원, K 씨에 대한 연행이 위법하다고 선언

대법원은 K 씨가 경찰서에 동행할 것을 거부했는데도 경찰관이 영장 없이 피의자를 강제로 연행한 것은 불법 체포에 해당한다고 보았다. 또 불법 체포 상태에서 경찰관이 종이컵에 소변을 받아올 것을 요구한 것 역시 마찬가지로 위법하다고 보았다. 따라서 K 씨에 대한 소변검사결과는 위법하게 수집된 증거이므로 재판에서 증거로 사용할 수 없다고 선언했다.

관련 규정 돋보기

형사소송법 제308조의2(위법수집증거의 배제)

적법한 절차에 따르지 아니하고 수집한 증거는 증거로 할 수 없다.

위법한 체포와 위법 수집증거 배제법칙

경찰관이 당사자의 동의를 받는 형식으로 경찰서에 데리고 가는 것을 흔히 '임의동행'이라고 한다. 당사자가 동의한 경우에는 원칙적으로 적법한 수사방식으로 볼 수 있으나, 문제는 당사자가 거부의사를 밝혔는데도 강제로 연행하는 경우다.

대한민국 헌법 제12조는 '모든 국민은 신체의 자유를 가지고 법률에 의하지 아니하고는 체포를 받지 않는다'고 선언하고 있고, 피의자를 체포하려면 원칙적으로 법관이 발부한 체포영장이 필요하다. 따라서 이 사건에서 경찰관이 K 씨가 거부의사를 분명하게 밝혔는데도 '임의동행'이란 명목으로 영장 없이 경찰서로 연행한 것은 실질적으로 영장 없는 체포에 해당하므로 위법하다는 것을 대법원이 명시적으로 선언한 것이다.

또 위법하게 경찰서로 연행된 K 씨는 심리적으로 매우 위축될 수밖에 없기 때문에 그에게 경찰관이 종이컵에 소변을 받아오라고 요구한 행위도 역시 위법한 것으로 보았다. 그러므로 형사소송법상 위법수집증거 배제법칙에 따라 K 씨에 대한 소변검사결과는 그의 마약투약 혐의를 입증할 증거로 사용될 수 없다고 판결한 것이다.

이 판결은 헌법상 보장되는 국민의 핵심적인 기본권의 하나인 '신체의 자유'에 대한 중요성을 다시 한 번 강조하고, 수사기관이 '임의동행'이라는 명목으로 사실상 피의자를 경찰서로 연행하는 일부 관행에 제동을 가한 판결로 평가할 수 있다.

한 걸음 더

K 씨는 결국 어떻게 되었을까?

- 소변검사결과를 증거로 사용할 수 없게 되었으니 K 씨는 마약투약 혐의를 벗고 무죄를 선고받고 석방되었을까? 결과는 그렇지 않았다. K 씨에 대한 1차 소변검사결과는 증거로 사용될 수 없었지만, 이후 경찰관이 법관으로부터 압수영장을 발부받아 다시 K 씨의 소변과 모발을 채취해 2차 검사를 의뢰했고 그 결과 역시 마약 양성반응이 나왔기 때문이다.

  대법원은 법관의 영장을 발부받아 실시한 K 씨에 대한 2차 검사는 적법하게 이루어졌기 때문에 2차 검사결과를 증거로 사용할 수 있고, 2차 검사결과에 따르면 그가 마약을 투약한 혐의가 인정된다는 이유로 K 씨의 상고를 기각했다. K 씨는 수사기관의 위법한 강제연행 관행의 개선을 가져올 수 있는 의미 있는 대법원 판례를 남긴 가운데 1년 6개월간 징역을 살아야 했다.

긴급조치로 인한 억울한 처벌, 보상받을 길은?

대법원 2013. 4. 18.자 2011초기689 전원합의체 결정

사안 바라보기

유신헌법 하에서 대통령 긴급조치 제9호가 발령된 후 많은 사람들이 긴급조치 제9호 위반죄로 형사처벌을 받았다. 대법원은 최근 긴급조치 제9호가 위헌이라고 결정했다. 긴급조치 제9호 위반죄로 형사처벌을 받은 사람들은 어떤 법적 구제를 받을 수 있을까?

재심을 청구해 무죄판결을 받을 수 있다. 또한 긴급조치 제9호 위반죄로 구속되거나 형벌을 받은 사람들은 형사보상을 청구해 보상받을 수 있다.

깊게 들여다보기

긴급조치 제9호 위반죄로 옥고를 치른 L 씨에 대한 31년만의 형사보상청구

신문사 기자 L 씨는 유신헌법 하에서 발령된 대통령 긴급조치 제9호의 문제점을 비난하는 내용의 유인물 150부를 만들어 배포했다. 검찰은 L 씨를 긴급조치 제9호 위반죄로 구속 기소했고, 그는 1, 2심 법원에서 모두 실형을 선고받았다. 긴급조치 제9호는 긴급조치 제9호를 공연히 비방하는 내용의 표현물을 제작·배포한 사람을 1년 이상의 유기징역에 처하도록 하고 있었기 때문이다. L 씨는 2심 판결에 불복해 대법원에 상고를 제기했는데, 상고를 제기한 상태에서 1979년 12월 7일 긴급조치 제9호가 해제되었다. 대법원은 1980년 5월 13일 L 씨에 대한 2심 판결을 파기하고 면소판결을 선고했다. 형사소송법상 범죄를 저지른 후에 그 범죄에 대한 처벌규정이 폐지된 경우에는 면소판결을 선고해야 하는데, 긴급조치 제9호가 해제되어 L 씨를 처벌할 규정이 없어져 버렸기 때문이다. L 씨는 그 과정에서 1년 정도 구속되어 있었고, 1988년 4월에 사망했다. L 씨의 처는 남편에 대해 대법원의 면소판결이 선고된 지 31년, 그리고 L 씨가 사망한지 23년이 지난 2011년 12월에 L 씨의 1년간의 구속에 대한 형사보상을 청구했다.

대법원, 긴급조치 제9호가 위헌·무효임을 처음으로 선언

형사보상은 검사에 의해 기소된 사람이 무죄판결을 선고받은 경우에 그 사람이 구속되었거나 형 집행을 받은 것에 대해 금전으로 보상하는 제도다. 그런데 L 씨의 경우처럼 무죄판결이 아니라 면소판결을 받은 경우에 형사보상을 받기 위해서는 만약 면소판결을 받을 사유가 없었다면 무죄판결을 선고받았을 것이라고 인정되어야 한다. 따라서 만약 긴급조치 제9호가 해제되지 않았다면 L 씨가 무죄판결을 선고받을 수 있었다고 인정되어야, L 씨의 처가 청구한 형사보상이 인정되는 것이다.

대법원은 이 사건을 심리하면서 긴급조치 제9호가 위헌인지 여부를 정면으로 심사대상으로 삼았다. 만약 긴급조치 제9호가 위헌이고 무효라면, 긴급조치 제9호가 해제되지 않고 그대로 유지되고 있었다고 하더라도 무효인 긴급조치 제9호를 근거로 L 씨를 처벌할 수 없어서 무죄가 선고되어야 했을 것이기 때문이다. 대법원은 이 사건에서 긴급조치 제9호는 당시 국가의 중대한 위기상황이 있었던 것이 아닌데도 유신헌법에 대한 비판과 국민적 저항을 탄압하기 위한 목적으로 발령되었고, 내용 면에서도 국민의 표현의 자유를 심각하게 제한하고, 긴급조치를 위반한 자를 법관이 발부한 영장 없이도 체포하거나 구속할 수 있도록 하여 국민의 신체의 자유를 침해하는 것이어서 위헌·무효라고 선언했다.

긴급조치 피해자에 대한 형사보상의 길을 넓히다

대법원은 이 사건에서 L 씨의 경우 재판이 진행되던 중에 긴급조치 제9호가 해제되어 그를 처벌할 근거규정이 사라졌지만, 이런 경우에는 과거 대법원이 했던 것처럼 면소판결을 선고할 것이 아니라 긴급조치 제9호 자체가 위헌·무효이므로 긴급조치 제9호가 원래 발령되지 않았던 것과 같이 L 씨에게 무죄를 선고했어야 한다고 판시했다. 위와 같은 판단에 따라 면소판결을 선고받은 L 씨의 처가 청구한 형사보상청구를 받아들임으로써 긴급조치로 인해 고초를 당한 피해자들이 자신들이 당한 구금에 대한 형사보상을 받을 수 있는 길을 넓혔다는 데 이 결정이 가지는 의미가 크다.

한 걸음 더

긴급조치 피해자의 재심청구의 길을 넓힌 다른 판례

- 한편, 위 결정과 같은 날 내려진 대법원 2010모363 결정 역시 긴급조치 제9호 위반죄로 유죄판결을 선고받은 사람들이 재심을 청구해 무죄판결을 선고받고 명예를 회복할 수 있는 길을 넓혔다는 점에서 의의가 큰 결정이다. 형사소송법상 유죄판결을 받은 사람에 대해 무죄를 선고할 명백한 증거가 새로 발견된 때에는 이미 확정된 판결에 대해서도 재심을 청구해 다시 재판을 받을 수 있다. 그런데 대법원이 긴급조치 제9호가 위헌·무효라고 선언한 것 자체가 긴급조치 제9호 위반죄로 유죄판결을 받은 사람에 대해 무죄를 선고할 명백한 증거가 새로 발견된 경우에 해당한다고 선언한 것이다. 이 결정으로 인해 긴급조치 제9호 위반죄로 처벌을 받은 사람들은 다른 재심요건을 갖추지 않더라도 곧바로 재심을 청구해 무죄판결을 선고받고 명예를 회복할 수 있게 되었다.

부인을 강간한 죄를 아십니까?

대법원 2013. 5. 16. 선고 2012도14788 전원합의체 판결

사안 바라보기

부부싸움을 하다가 남편이 아내를 때리고 협박해서 강제로 성관계를 가졌다. 이런 경우에 아내를 때리고 협박한 남편을 폭행죄나 협박죄로 처벌할 수는 있지만 부부는 원래 성관계를 가지는 사이이기 때문에 강간죄로는 처벌할 수 없는 것일까? 아니면 부부 사이라 하더라도 남편을 강간죄로 처벌할 수 있을까?

부부 사이라 하더라도 아내를 폭행하거나 협박해 강제로 성관계를 가진 남편은 강간죄로 처벌될 수 있다.

깊게 들여다보기

처에 대한 강간죄로 기소된 남편

자녀 두 명을 낳고 10년간 결혼생활을 하던 한 부부가 있었는데, 남편이 직장을 그만두고 아내와 함께 옷가게에서 일하기 시작한 이후부터 부부 사이가 급격하게 나빠졌다. 두 사람은 자주 부부싸움을 했고 2~3년간 각방을 사용하게 되었다. 그러던 중 남편이 아내의 남자관계를 의심해서 두 사람이 부부싸움을 크게 하게 되었고, 남편은 아내를 폭행하고 부엌칼을 들고 위협해 아내가 반항하지 못하게 하고 강제로 성관계를 가졌다. 큰 충격을 받은 아내는 남편을 고소했고 검사는 남편을 아내에 대한 강간죄로 기소했다. 남편은 재판에서 부부 사이에서는 강간죄가 성립될 수 없다고 주장했지만 1, 2심 법원은 모두 남편에 대해 강간죄로 유죄판결을 선고했다. 2심 판결을 받아들일 수 없었던 남편은 대법원에 상고를 제기했다.

관련 규정 돋보기

형법(2012. 12. 18. 개정되기 전의 것) 제297조(강간)

폭행 또는 협박으로 부녀를 강간한 자는 3년 이상의 유기징역에 처한다.

부부 사이에도 강간죄가 성립될 수 있을까?

법률상의 배우자인 처에 대해서도 강간죄가 성립될 수 있는지는 과거 오랜 기간 논란이 되어 왔다. 개정 이전의 강간죄에 관한 형법 조항에서 '부녀'와 '강간'의 의미를 어떻게 해석할 것이냐에 관한 견해 대립이 있었던 것이다. 또한 가정, 그 중에서도 부부 사이라는 내밀한 영역에까지 국가가 개입해 형벌권을 행사하는 것이 적절한지에 관한 고민과도 연관된 문제였다.

강간죄가 성립될 수 없다는 견해는 부부 사이에는 동거의무가 있어서 본질적으로 성관계를 전제로 하고 있다는 점을 근거로 들었다. 또한 강간은 '강압적인 간음'을 의미한다고 볼 수 있는데 여기서 '간음'은 흔히 혼인 외의 성관계를 의미하는 것으로 보는 것이 사회통념이라는 점도 근거로 삼았다. 이에 반해 강간죄가 성립될 수 있다는 견해는 부부 사이의 동거의무가 강제적인 성관계에 응할 의무까지 포함하는 것은 아니라는 점을 근거로 들었다. 또한 형법 제297조가 강간죄의 대상으로 규정하고 있는 '부녀'에서 처가 제외될 이유가 없다는 점도 근거로 삼았다.

기존 대법원 판례

- 혼인관계가 실질적으로 유지되고 있는 정상적인 부부 사이에서는 남편을 아내에 대한 강간죄로 처벌할 수 없다고 해석해 왔다(대법원 1970. 3. 10. 선고 70도29 판결).

정상적인 부부 사이에서도 강간죄를 처음으로 인정

이 사건에서 대법원은 대법관 모두가 참여한 전원합의체 판결로 과거의 대법원 판결을 변경해 혼인관계가 실질적으로 유지되고 있는 정상적인 부부 사이에서도 강간죄가 성립할 수 있다고 선언했다. 부부 사이에서도 양성 평등과 성적 자기결정권이 존중되어야 한다는 인식이 국민들의 보편적 법의식으로 자리 잡

게 된 오늘날에는, 혼인관계가 실질적으로 유지되고 있는 경우에도 국가가 이에 개입해서 더 이상의 피해를 방지하고 건강한 부부관계가 회복될 수 있도록 적절한 조치를 취해야 한다고 본 것이다. 또 형법 제297조에 정해진 강간죄의 대상인 '부녀'는 성년이든 미성년이든, 기혼이든 미혼이든 묻지 않고 '여자'를 가리키는 것으로 보는 것이 옳기 때문에 법률 해석상으로도 처가 강간죄의 객체에 포함된다고 해석했다.

여성의 성적 자기결정권의 보호를 부부 관계에까지 넓힌 판결

이 사건 대법원 판결에 의해 혼인관계가 실질적으로 유지되고 있는 부부 사이에서도 강간죄가 성립될 수 있는지에 관한 오랜 법률적 논란이 해소되었다. 남성 중심적 사고에서 양성 평등으로 변화하는 사회인식을 반영한 것으로 볼 수 있고, 여성의 성적 자기결정권이 부부 관계를 포함한 모든 관계에서 보호되어야 할 중요한 권리임을 확인해 준 판결로 평가할 수 있을 것이다.

한 걸음 더

남성도 강간죄의 피해자가 될 수 있나?

• 전통적으로 여성만이 강간죄의 피해자가 될 수 있었다. 그런데 대법원이 이 사건을 심리하고 있던 도중인 2012년 12월 18일에 형법 제297조가 개정되어 강간죄의 성립요건이 '폭행 또는 협박으로 부녀를 강간한 자'에서 '폭행 또는 협박으로 사람을 강간한 자'로 변경되었다. 강간죄의 피해자가 '부녀'에서 '사람'으로 바뀌게 됨에 따라 이제는 여성을 강간한 경우뿐만 아니라 남성을 강간한 경우에도 강간죄로 처벌할 수 있게 되었다.

내 아이를 외국으로 납치한 죄로 처벌받을까?

대법원 2013. 6. 20. 선고 2010도14328 전원합의체 판결

사안 바라보기

베트남 국적의 A 씨는 한국 남성 B 씨와 국제결혼 후 한국에서 부부생활을 하면서 아들 C 군을 낳았다. 그런데 A 씨는 신혼 초에는 잘해 주던 B 씨의 태도가 점점 달라지고 시댁 식구들도 자신을 무시하는 것에 깊은 좌절을 느끼게 되었다. 더 이상 B 씨와 함께 살기 어렵다고 생각한 A 씨는 B 씨 몰래 어린 C 군을 데리고 베트남으로 출국해버렸다. A 씨는 미성년자 약취죄로 처벌될 수 있을까?

남편 몰래 어린 아들을 데리고 가 잠적했다는 이유만으로는 미성년자 약취죄로 처벌받지 않는다. 그렇지만 만약 A 씨가 B 씨로부터 C 군을 강제로 빼앗아 왔거나, B 씨에게 부당한 요구를 하는 데 이용하기 위해 C 군을 데리고 갔다면 처벌받을 수 있다.

깊게 들여다보기

남편 몰래 어린 아들을 베트남으로 데려간 베트남 여성

베트남 국적인 여성 A 씨는 2006년에 한국인 남편 B 씨와 결혼해 천안에 살면서 2007년에 아들 C 군을 낳았다. A 씨는 평소 B 씨나 시집 식구들이 자신에게 힘든 일을 많이 시키고, A 씨가 없는 자리에서 A 씨가 도망갈지 모르니 외출을 못하게 하라고 수군거리는 말을 듣고 시집 식구들이 자신을 차별하고 무시한다는 생각을 갖게 되었다. 그러던 중 2008년 어느 날 A 씨가 수원에 있는 친구 집에 놀러가 밤늦게까지 있다가 천안행 버스를 놓치고 다음 날 집으로 돌아온 일이 발생했다. 화가 난 B 씨는 A 씨에게 며칠 집을 나가라

는 말을 했고 A 씨는 B 씨가 더 이상 자신을 필요로 하지 않는 것 같아 몹시 자존심이 상했다.

A 씨는 며칠 후 13개월 된 C 군을 데리고 B 씨 몰래 베트남 친정으로 돌아가 C 군을 맡겼다. 그리고 C 군의 양육비를 벌기 위해 혼자 한국에서 일을 하다가 B 씨에게 발각되었다. B 씨는 A 씨를 고소했고 2010년에 두 사람은 C 군을 어머니인 A 씨가 양육하기로 하고 이혼했다. 그런데 검사는 A 씨를 기소했다. 어린 아이에 대한 양육권은 부모 모두에게 있는데 A 씨가 남편인 B 씨 몰래 아들 C 군을 데리고 집을 나가버린 것은 미성년자 약취죄에 해당하고, 이렇게 약취한 아이를 외국으로 약취한 것은 피약취자 국외이송죄에 해당한다는 이유였다.

관련 규정 돋보기

형법

- **제287조(미성년자의 약취, 유인)**

  미성년자를 약취 또는 유인한 사람은 10년 이하의 징역에 처한다.

- **제288조(추행 등 목적 약취, 유인 등)**

  ③ 국외에 이송할 목적으로 사람을 약취 또는 유인하거나 약취 또는 유인한 사람을 국외에 이송한 사람은 2년 이상 15년 이하의 징역에 처한다.

사상 최초로 대법원의 재판을 생중계하다

사건을 담당한 1, 2심 법원은 A 씨에 대해 무죄를 선고했고, 검사는 2심 판결에 불복해 대법원에 상고했다. 한국사회에서 국제결혼에 의한 다문화가정이 늘어나고 A 씨 사건과 비슷한 사례가 발생하게 되자, 이 사건은 우리 사회에 심각한 고민을 던져주는 사례가 되었다. 대법원은 이를 대법원 전원합의체에 회부하며 공개변론을 실시하기로 결정했다. 이 재판은 사상 최초로 인터넷과 케이블 TV를 통해 중계방송되었고, 많은 국민들이 처음으로 방송을 통해 대법원의 실제 재판과정을 접하면서 큰 화제가 되었다.

대법원, 논의 끝에 A 씨의 손을 들어주다

치열한 논의 끝에 8인의 대법관이 무죄, 5명의 대법관이 유죄 의견을 내놓아 A 씨의 미성년자 약취 혐의는 무죄로 결론이 내려졌다. 다수의견이 무죄로 판단한 이유의 요지는 다음과 같다.

「자녀에 대한 양육권은 부모 모두에게 있는 것이다. 그런데 한쪽 배우자가 폭행, 협박이나 힘을 사용해 상대방으로부터 자녀를 빼앗아 오거나, 상대방에게 부당한 요구를 하는 데 이용하고자 자녀를 데리고 집을 나가버리는 등 양육원을 남용한 경우에는 자기 아이에 대해서도 미성년자 약취죄가 성립될 수 있다고 보아야 한다. 그러나 A 씨의 경우와 같이 단지 함께 살면서 아들을 키우다가 상대방 모르게 남편의 손길이 미치지 않는 외국의 친정으로 데려갔다는 이유만으로는 미성년자에 대한 약취죄를 인정할 수는 없다」

이 사건 대법원 판결이 한국 사회에 던진 메시지

5인의 대법관은 다문화가정이 늘어나는 한국 사회에서 아이를 데리고 외국으로 나가버리는 것을 막을 수 없다면 심각한 사회문제가 될 수 있다고 지적했다. 다수의견도 이에 공감하지만, 새로운 법률 규정을 만들고 출입국 관리 제도를 개선하거나 국제결혼에 의해 생기는 문제들을 다른 나라와 협의해 외교적으로 해결할 수 있는 방안을 찾는 것이 바람직하다는 견해를 제시했다.

한 걸음 더

대법원 변론이 생중계된 사건들은 어떤 것들이 있나?

- 이 사건 이후에도 KIKO 사건, 통상임금 사건 등 사회에 미치는 영향력이 큰 중요사건들의 대법원 재판이 많은 국민의 관심 속에 생중계되었다.

파생금융상품 'KIKO'를 판매한 은행의 책임은?

대법원 2013. 9. 26. 선고 2012다1146, 1153(병합) 전원합의체 판결 등

사안 바라보기

키코(KIKO)란 무엇이고 왜 문제인가? 그리고 이를 판매한 은행의 책임은 어디까지인가?

키코(KIKO)란 수출기업들이 주로 환율변동 위험을 회피(hedge)할 목적으로 2007~2008년경 은행권과 집중적으로 체결한 통화옵션계약이다.

그러나 계약기간의 장단, 시장환율의 변동, 계약금액의 다과 등에 따라 기업이 큰 손실을 볼 위험도 내재해 있다. 은행은 환 헤지 목적을 가진 기업과 키코계약을 체결할 때에는 해당 기업에 적합하지 않다고 인정되거나 그러한 특성이 있는 통화옵션계약의 체결을 권유해서는 안 된다(적합성의 원칙). 그리고 키코는 고도의 금융공학적 지식에 의해 개발된 고위험 구조의 장외파생상품이므로, 금융기관으로서는 해당 거래의 위험성에 대해 고객이 분명하게 인식할 수 있도록 구체적이고 상세하게 설명할 의무가 있다(설명의무). 은행이 이러한 적합성의 원칙을 위반하거나 설명의무를 다하지 않아 기업이 손해를 입은 경우, 은행은 불법행위로 인한 손해배상책임을 부담한다.

깊게 들여다보기

키코계약의 구조

키코(KIKO)란 변형선물환 통화옵션(미래의 특정 시점에 특정 통화를 미리 약정한 가격으로 사거나 팔 수 있는 권리가 부여된 파생상품)계약의 일종이

다. 선물환계약은 장래의 일정 기일 또는 기간 내에 일정 금액, 일정 종류의 외환을 정해진 환율에 의해 교부할 것을 약정하는 계약이다.

키코는 단순선물환계약의 거래구조를 기본으로 하여 녹인 조건(Knock-in, 환율이 일정 수준에 도달하면 권리가 발생하는 조건)과 녹아웃 조건(Knock-out, 환율이 일정 수준에 도달하면 권리가 소멸하는 조건) 등이 가미되어 있고{키코(KIKO)라는 용어는 위 녹인, 녹아웃의 영문 머릿글자를 따서 만든 것이다}, 통상 기업과 금융기관이 풋옵션(put option, 장래의 일정 시기에 계약금액을 행사환율에 매도할 수 있는 권리)과 콜옵션(call option, 장래의 일정 시기에 계약금액을 행사환율에 매수할 수 있는 권리)을 맞교환하는 구조로 되어 있다.

키코계약을 통해 수출기업은 환율 하락으로 인한 환차손의 위험을 어느 정도 헤지할 수 있다. 그러나 환율이 녹아웃 환율 아래로 하락할 경우 기업의 풋옵션이 소멸해 환 헤지의 목적을 달성할 수 없다. 그리고 환율이 녹인 환율 이상으로 상승할 경우 기업은 은행의 콜옵션 행사로 인해 시장환율보다 낮은 약정환율로 외화를 은행에 팔아야 할 의무를 부담하게 되어 손실을 볼 수 있다.

키코계약의 효력(무효 또는 취소 가능 여부)

키코계약에서 기업과 은행이 교환하는 옵션 가치에 현저한 불균형이 있다고 볼 수 없으므로, 계약이 불공정행위로서 무효라고 할 수 없다. 계약 체결 당시 옵션 가치 및 수수료의 의미 등에 관해 은행이 기업을 기망했거나, 기업이 착오했다고도 볼 수 없으므로 이를 이유로 계약을 취소할 수도 없다.

관련 규정 돋보기

민법

• **제104조(불공정한 법률행위)**
당사자의 궁박, 경솔 또는 무경험으로 인하여 현저하게 공정을 잃은 행위는 무효로 한다.

• **제109조(착오로 인한 의사표시)**
① 의사표시는 법률행위의 내용의 중요 부분에 착오가 있는 때에는 취소할 수 있다.

• **제110조(사기, 강박에 의한 의사표시)**
① 사기나 강박에 의한 의사표시는 취소할 수 있다.

적합성 원칙과 설명의무

은행은 기업과 통화옵션계약을 체결할 때 해당 기업의 재산상태, 환 헤지의 필요 여부, 거래 목적과 경험, 당해 계약에 대한 지식 또는 이해의 정도 등을 파악한 다음, 해당 기업에 적합하지 않은 종류의 상품 또는 그러한 특성이 있는 통화옵션계약 체결을 권유해서는 안 된다. 또한, 금융기관이 일반 고객과 사이에 전문적인 지식과 분석능력이 요구되는 장외파생상품을 거래할 경우에, 거래에 내재된 위험요소 및 잠재적 손실에 영향을 미치는 중요인자 등 주요 정보를 적합한 방법으로 명확하게 설명해야 할 신의칙상 의무가 있다. 이를 위반해 기업이 손해를 입은 경우, 은행은 기업에 대하여 불법행위로 인한 손해배상책임을 부담해야 한다.

고위험 장외파생상품 판매시 금융기관의 의무 재확인 및 구체화

이 사건 대법원 판결은 금융기관, 특히 은행이 고위험 장외파생상품을 판매할 때 준수해야 할 적합성 원칙과 설명의무를 재확인하고 구체화한 판결로서, 향후 관련 분쟁의 예방과 해결에 큰 영향을 미칠 것으로 예상된다.

한 걸음 더

• 앞서 본 적합성 원칙과 설명의무의 법리에 기초하여 실제로 은행권이 그 의무를 다하지 아니한 위법이 있는지 여부는 사실판단의 영역으로, 개별·구체적으로 검토해야 한다. 실제 다수 사례에서 은행권이 적합성 원칙 및 설명의무를 위반했다고 볼 수 없다는 결론이 내려졌다.

새만금 토지전쟁

대법원 2013. 11. 14. 선고 2010추73 판결

사안 바라보기

대규모 간척 역사(役事)인 '새만금 개발사업'으로 여의도 약 140배 크기의 매립지가 새로 조성되었다. 이 무한한 가능성의 옥토를 두고 인접 지방자치단체인 김제시, 부안군, 군산시는 각자의 연고에 기한 관할지분을 주장하며 소송전을 벌였다. 그 결과는?

종래 매립지 등 관할 결정의 준칙으로 적용되어 온 지형도상 해상경계선 기준은 더 이상 절대적인 기준이 될 수 없다. 안전행정부장관은 효율적인 신규토지 이용 가능성, 매립지와 인근 지자체의 연결형상, 연접관계 및 거리, 행정의 효율성, 매립지 거주주민의 생활 편익, 인접 지방자치단체가 잃게 되는 해양접근성의 연혁적·현실적 이익 등의 이해관계를 종합적으로 비교·교량하여 매립 예정지에 대한 전체적인 관할구도에 부합하는 관할 지방자치단체를 결정해야 한다.

깊게 들여다보기

안전행정부장관의 귀속 지자체 결정 및 인접 지자체의 제소

안전행정부장관은 관련 절차를 거쳐 2010년 11월 17일 매립이 완료된 구간 중 일부 방조제 구간에 한해, 그 귀속 지방자치단체를 군산시로 결정했다.

이에 김제시장과 부안군수는 안전행정부장관을 상대로 대법원에 위 결정의 취소를 구하는 소송을 제기했고, 군산시는 피고 안전행정부장관의 보조참가인으로 위 소송에 참여했다.

매립 예정지역의 전체적인 관할 구도 설정의 필요성 및 그 기준에 관한 대법원 판단

매립지 일부 구역에 대해서만 관할 결정을 할 경우에도 당해 매립사업의 총체적 추진계획, 매립지의 구역별 토지이용계획 및 용도, 항만의 조성과 이용계획 등을 종합적으로 고려하여 매립 예정지역의 전체적인 관할구도의 틀을 감안한 관할 결정이 이루어지는 것이 합리적이다. 종래 매립지 등에 대한 관할 결정의 준칙으로 적용되어 온 지형도상 해상경계선 기준은 더 이상 절대적인 기준이 될 수 없다.

안전행정부장관은 매립지가 속할 지방자치단체를 정함에 있어 상당한 재량을 가진다. 다만, 그 결정 과정에서 효율적인 신규토지 이용 가능성, 매립지와 인근 지자체의 연결형상, 연접관계 및 거리, 행정의 효율성, 매립지 거주주민의 생활 편익, 인접 지방자치단체가 잃게 되는 해양접근성의 연혁적·현실적 이익 등의 이해관계를 종합적으로 고려해야 한다.

[고려사항]

① 새만금 전체 매립 대상 지역은 위 도면의 A(군산시 연접 부분), B(김제시

연접 부분), C(부안군 연접 부분) 지구로 구분될 수 있다.

② 전주~새만금 고속도로는 김제시를 통과하여 새만금 매립지로 연결될 예정이다.

③ A, B, C지구는 만경강과 동진강으로 확연히 구분되어 자연지형에 의한 구역 구분이 형성될 수 있다.

④ A, B, C지구의 각 매립지에 대한 행정서비스는 각각 군산시, 김제시, 부안군에서 제공하는 것이 행정의 효율성 측면에서 타당하고, 매립지 주민들의 생활편의에도 적합할 것으로 예상된다.

⑤ 매립 이후 군산시, 김제시, 부안군의 해양접근성도 형평에 맞게 고려할 필요가 있다.

[결론]

특별한 사정변경이 없는 한 A, B, C지구의 각 매립지는 군산시, 김제시, 부안군에 각각 귀속시키는 것이 합리적인 구획으로 볼 수 있다.

현실파악에 기초한 국토이용 이해관계의 합리적 조정 기준 설정

이 사건 대법원 판결은 2009년 지방자치법 개정 이후 매립지 귀속 지자체 결정의 기준을 최초로 정립했을 뿐만 아니라, 새만금 매립대상 지역에 대한 종합적·전체적 관할 구도를 선도적으로 제시한 점에서 그 의의가 남다르다.

정당의 당내경선에서 대리투표가 허용될까?

대법원 2013. 11. 28. 선고 2013도5117 판결

사안 바라보기

대통령 선거나 국회의원 선거는 선거의 4대원칙이라고 불리는 보통·평등·직접·비밀선거 원칙에 따라 실시된다. 그렇다면 정당의 당내경선과 같은 다른 선거에서는 '직접선거의 원칙'에 반하는 대리투표가 허용될까?

정당이 국회의원 비례대표 후보자 명단을 확정하기 위해 실시하는 당내경선은 그 결과가 국회의원 당선으로 직접 연결될 수 있기 때문에 국회의원 선거에 적용되는 '직접선거의 원칙'이 적용될 필요성이 있어 대리투표가 허용되지 않는다.

깊게 들여다보기

통합진보당의 국회의원 비례대표 후보자 당내 경선에서의 대리투표

통합진보당은 19대 국회의원 선거를 앞두고 당의 비례대표 국회의원 후보를 뽑기 위해 당내경선을 실시하기로 하고, 당원들의 참여율을 높이기 위해 인터넷 투표방식을 도입했다. 인터넷 투표는 투표자가 ID, 비밀번호 그리고 유권자명부에 등록된 휴대전화로 전송받은 인증번호를 투표시스템에 입력해서 투표하는 방식으로 진행되었다. 그런데 통합진보당의 인터넷 투표에서 부정투표 의혹이 제기되어 검찰이 투표과정을 수사하게 되었다. 수사결과 일부 당원들이 다른 사람에게 ID, 비밀번호, 인증번호를 알려주어 대리투표를 한 사실이 밝혀졌고, 대리투표를 한 통합진보당 당원들이 부정한 대리투표를 통해 당내경선 업무를 방해했다는 이유로 업무방해죄로 기소되었다.

관련 규정 돋보기

형법 제314조(업무방해)

① 허위의 사실을 유포하거나 기타 위계 또는 위력으로써 사람의 업무를 방해한 자는 5년 이하의 징역 또는 1천 500만 원 이하의 벌금에 처한다.

정당의 당내 경선에서 대리투표가 허용되는가

통합진보당 당원들은 전국 여러 법원에 나누어 기소되어 유죄판결을 선고받았는데, 한 사건에서 무죄가 선고된 것을 계기로 상당한 논란이 일어났다. 논란의 핵심은 정당의 당내경선도 대통령 선거나 국회의원 선거 등 일반적인 공직선거와 마찬가지로 반드시 보통·평등·직접·비밀선거라는 선거의 4대 원칙에 따라 실시되어야 하는가 하는 데 있었다. 하급심 판결의 결론이 유·무죄로 갈리게 된 가장 큰 이유는 대통령이나 국회의원 선거, 지방의회의원과 지방자치단체장 선거 등은 보통·평등·직접·비밀선거 방식으로 실시해야 한다는 규정이 헌법이나 법률에 있지만, 정당의 당내 경선에 관해서는 그런 규정이 없기 때문이다. 따라서 과연 통합진보당이 실시한 인터넷투표가 대리투표를 금지하는 방식이었는지에 대한 판단의 차이 때문에 결론이 갈리게 된 것이다.

국회의원 후보자 선정을 위한 당내 경선에서는 대리투표가 허용되지 않음을 판시

대법원은 이 사건에서 국회의원 비례대표 후보자를 선출하기 위한 당내 경선은 정당의 대표자나 대의원을 선출하는 경선과는 달리 '직접선거의 원칙'

이 준수될 필요성이 있다고 보았다. 비례대표 후보자 순위가 확정되면 곧바로 국회의원 선거에서 비례대표 국회의원 당선으로 연결될 수 있는 중요한 절차이기 때문이다. 또한 대법원은 실제로 통합진보당이 실시한 인터넷 투표방식도 대리투표를 허용하지 않는 방식이었다고 판단했다. 통합진보당이 대리투표를 허용하지 않는다는 것을 당헌이나 당규에 규정하고 있지도 않았고 투표 이전에 당원들에게 따로 알리지도 않았지만, 휴대전화로 전송받은 인증번호를 입력해야 투표를 할 수 있게 하여 당원들이 대리투표가 허용되지 않는다는 것을 충분히 알 수 있었다고 본 것이다.

하급심의 판결이 엇갈리는 상황에서 대법원 판결을 통해 법령해석의 통일을 이루다

대법원 판결이 있기까지 정당의 당내경선에서 직접선거 원칙이 준수되어야 하는지에 관한 명확한 법률 규정이 없어서 하급심 판결이 엇갈리고 있는 상황이었다. 이런 상황에서 대법원이 19대 국회의원 선거를 앞두고 통합진보당이 실시한 당내 경선은 대리투표가 허용되지 않는 방식이었다고 판결함으로써 하급심 판결의 결론이 하나로 모아지는 계기가 되었다.

한 걸음 더

대법원의 '정책법원 기능'이란?

- 최고법원인 대법원이 수행하는 여러 기능 중에서 흔히 '권리구제 기능'과 '정책법원 기능'을 이야기한다. '권리구제 기능'은 어떤 특정한 사건에서 대법원이 하급심 판결의 잘못을 바로잡아 재판을 받는 당사자의 권리를 구제하는 측면을 이야기하는 것이다. 그에 반해 '정책법원 기능'은 대법원이 특정한 사건에서 법령의 해석에 관한 일반적 기준을 제시함으로써 그 사건과 동일한 쟁점이 문제되는 사건들에서 하급심 법원의 법령 해석이 서로 모순되지 않고 통일되게 하는 측면을 이야기하는 것이다. 이 사건은 대법원의 '정책법원 기능'을 잘 보여주는 사례라고 할 수 있다.

모두가 간과했던 임금구조의 근본문제
- 통상임금의 범위는 어디까지일까?

대법원 2013. 12. 18. 선고 2012다89399 전원합의체 판결

사안 바라보기

근로기준법상 통상임금은 연장·야간·휴일 근로에 대한 가산임금 등을 산정하는 기준임금으로 기능한다. 기본급 이외에 각종 수당이 복잡하게 더해지는 우리나라 임금체계에서 과연 통상임금의 범위는 어디까지일까?

통상임금이란 소정근로의 대가로 근로자에게 정기적·일률적·고정적으로 지급되는 금품을 의미한다. 기왕에 근로를 제공했어도 특정 시점에 재직하지 않는 사람에게는 지급하지 않는 반면, 그 특정 시점에 재직하는 사람에게는 기왕의 근로 제공 내용을 묻지 않고 모두 이를 지급하는 것이라면 '고정성' 요건이 없어 통상임금에 해당하지 않는다. 한편, 성질상 통상임금에 해당하는 임금을 실제 통상임금에서 제외하는 노사합의는 무효임이 원칙이지만, 근로자 측이 그 무효를 주장하여 추가 법정수당을 청구하는 것이 신의성실의 원칙에 위배하여 허용되지 않을 수도 있다.

깊게 들여다보기

통상임금의 개념요소

통상임금에는 '정기성', '일률성', '고정성'이란 3가지의 개념요소가 들어있다. 정기성이란 일정한 간격을 두고 계속적으로 지급됨을 의미하며, 일률성이란 '모든 근로자'에게 지급됨은 물론 '(소정근로의 가치평가와 관련된) 일정한 조건 또는 기준에 달한 모든 근로자'에게 지급됨을 의미한다. 그리고 고정

성은 '근로자가 제공한 근로에 대해 그 업적, 성과 기타의 추가적인 조건과 관계없이 당연히 지급될 것이 확정되어 있는 성질'을 말한다. 즉, '고정적인 임금'은 '임금의 명칭 여하를 불문하고 임의의 날에 소정근로시간을 근무한 근로자가 그 다음 날 퇴직한다 하더라도 그 하루의 근로에 대한 대가로 당연하고도 확정적으로 지급받게 되는 최소한의 임금'을 의미한다.

특정 시점에 재직 중인 근로자에게만 지급하는 임금

근로자가 소정근로를 했는지 여부와는 관계없이 특정 시점에 재직 중인 근로자에게만 지급하기로 정해져 있는 임금은 그 특정 시점에 재직 중이어야 임금을 지급받을 수 있는 자격요건이 된다. 그러한 임금은 기왕에 근로를 제공했더라도 특정 시점에 재직하지 않았으면 지급하지 않는 반면, 그 특정 시점에 재직한 사람에게는 기왕의 근로 제공 내용을 묻지 않고 모두 이를 지급하는 것이 일반적이다. 그와 같은 조건으로 지급되는 임금이라면, 그 임금은 이른바 '소정근로'에 대한 대가의 성질을 가지는 것이라고 보기 어렵다. 뿐만 아니라 근로자가 임의의 날에 근로를 제공하더라도 그 특정 시점이 도래하기 전에 퇴직하면 당해 임금을 전혀 지급받지 못한다. 따라서 근로자가 임의의 날에 연장·야간·휴일 근로를 제공하는 시점에서 그 지급조건이 성취될지 여부는 불확실하므로, 고정성도 결여한 것으로 보아야 한다. 그러나 근로자가 특정 시점 전에 퇴직하더라도 그 근무일수에 비례한 만큼의 임금이 지급되는 경우에는 매 근무일마다 지급되는 임금과 실질적인 차이가 없으므로, 근무일수에 비례하여 지급되는 한도에서는 고정성이 부정되지 않는다.

통상임금에 관한 노사합의의 효력

성질상 통상임금에 속하는 임금을 통상임금에서 제외하기로 노사간에 합의하였다고 하더라도 그 합의는 효력이 없고, 그 무효로 된 부분은 근로기준법이 정하는 기준에 따라야 함이 원칙이다.

그런데 우리나라의 임금협상은 임금총액을 기준으로 인상폭을 정하되, 그 임금총액 속에 기본급은 물론 일정한 대상기간에 제공되는 근로에 대응하여 1개월을 초과하는 일정 기간마다 지급되는 상여금('정기상여금'), 각종 수당, 그리고 통상임금을 기초로 산정되는 연장·야간·휴일 수당 등 법정수당까지도 그 규모를 예측하여 포함시키는 것이 일반적이었다. 그리고 노사 양측 모두 정기상여금은 통상임금에서 제외되는 것이라고 장기간 의심 없이 받아들여 왔다. 근로자 측이 앞서 본 임금협상의 방법과 경위, 실질적인 목표와 결과 등은 도외시한 채 임금협상 당시 전혀 생각하지 못한 사유를 들어 정기상여금을 통상임금에 가산하고 이를 토대로 추가적인 법정수당의 지급을 구해 노사가 합의한 임금수준을 훨씬 초과하는 예상 외 이익을 추구하고 그로 말미암아 사용자에게 예측하지 못한 새로운 재정적 부담을 지워 중대한 경영상의 어려움을 초래하거나 기업의 존립을 위태롭게 한다면, 이는 종국적으로 근로자 측에까지 그 피해가 미치게 되어 노사 어느 쪽에도 도움이 되지 않는 결과를 가져온다. 이는 정의와 형평 관념에 비추어 신의에 현저히 반하고 도저히 용인될 수 없음이 분명하다. 그러므로 이와 같은 경우 근로자 측의 추가 법정수당 청구는 신의칙에 위배되어 받아들일 수 없다.

근로현장에서 오랜 기간 누적된 혼선의 해소·극복

위 판결은 그동안 논란이 되었던 통상임금의 개념 및 기본법리를 명쾌히 설파하는 한편, 우리나라 임금체계의 특수성·역사성, 임금산정을 둘러싼 노사간 합의관행 등에 관한 깊이 있는 천착을 통하여 산업현장의 혼선을 해소하면서도 그에 따른 사회경제적 충격을 최소화하려 한 점에서 남다른 의의가 있다.

이혼 시 재산분할 항목에 장래의 퇴직급여도 포함될까?

대법원 2014. 7. 29. 선고 2013므2250 전원합의체 판결

사안 바라보기

원고(부인)와 피고(남편)는 14년간 결혼생활을 지속해 왔다. 현재 교사인 부인은 장래 퇴직하면 교원연금법상 퇴직급여를 받을 수 있고, 회사원인 남편도 장래 퇴직 시 퇴직금을 받을 수 있는 상황인데, 원고가 청구한 이혼소송에서 피고는 원고가 장래 퇴직 시 받을 수 있는 퇴직급여를 재산분할 대상으로 인정해 달라고 주장하고 있다. 직장에 근무하고 있어 이혼소송 당시 아직 발생하지 않은 장래 퇴직급여가 재산분할의 대상이 될 수 있을까?

부부 일방이 아직 재직 중이어서 실제 퇴직급여를 지급받지 않았더라도 퇴직급여 청구권은 이혼소송 종결 시에 이미 경제적 가치의 평가가 가능한 재산으로서 재산분할 대상에 포함할 수 있다.

깊게 들여다보기

아직 회사에 다니고 있는 배우자의 장래 퇴직금을?

원고(부인)와 피고(남편)는 1997년 혼인했고, 2010년 원고가 이혼소송을 제기했다. 원고는 현재 사립학교 교원으로 근무 중이고, 피고는 정부출연 연구소의 연구원으로 근무하고 있다. 피고는 2심에서 원고와 피고의 장래 퇴직급여 청구권도 이혼 시 재산분할의 대상에 포함되어야 한다고 주장했으나 기존의 대법원 판례를 이유로 그 주장은 받아들여지지 않았다.

혼인 중 재직기간에 대한 퇴직금의 배우자 기여분 인정되어야

기존 대법원 판례

- 부부 일방이 이혼 당시 이미 퇴직하여 수령한 퇴직금은 재산분할의 대상이 되지만, 이혼 당시 아직 퇴직하지 않고 직장에 근무하고 있는 경우, 퇴직일과 퇴직금이 확정되었다는 특별한 사정이 없는 한, 장차 퇴직금을 받을 가능성이 높다는 사정만으로 장래 퇴직금을 재산분할 대상이 되는 재산에 포함할 수 없다. 다만, 그러한 사정은 재산분할의 액수와 방법을 정하는 데 필요한 기타 사정으로 참작하면 충분하다(대법원 1995. 5 23. 선고 94므1713, 1720 판결 등).

퇴직급여 청구권은 퇴직이라는 사유가 발생할 때 현실화되므로, 이혼 시점에서는 불확실성이나 변동가능성을 지닐 수밖에 없다. 대법원은 이 사건 판례 이전에 아직 현실화되지 않은 퇴직급여 청구권에 대한 재산분할을 인정하지 않았다. 하지만 대법원은 이번 판례를 통해 퇴직급여 청구권도 재산분할의 대상에 포함되는 것으로 판례를 변경했다. 퇴직급여 청구권을 재산분할 대상에서 제외하고 그 수령가능성을 재산분할 방법을 정하는 기타 사정으로만 참작하는 것은, 혼인 중 형성한 재산관계를 이혼 시에 청산·분배하는 것을 본질로 하는 재산분할제도의 취지에 맞지 않고 실질적 공평에도 반하기 때문에 부당하다고 판단했다. 퇴직급여 청구권의 재산분할을 인정하지 않게 되면, 이혼 전에 퇴직한 경우와 비교해 볼 때 현저한 차이가 발생하여 혼인생활이 이미 파탄에 이르렀음에도 불구하고 퇴직급여를 받을 때까지 이혼시기를 미루도록 사실상 강제하는 결과를 초래할 수도 있다. 또한 다른 재산이 없는 경우에는 아예 재산분할을 할 수 없으므로 공평한 재산분할을 담보하기 어렵게 된다.

혼인기간 중 직장생활로 형성한 장래 퇴직금에 대해 배우자 기여분을 명시적으로 인정하는 것으로 판례 변경

재산분할제도의 취지는 부부가 혼인 중에 형성한 재산관계를 이혼에 즈음하여 공평하게 청산·분배하는 것이다. 퇴직급여는 임금의 후불적 성격과 성실한 근무에 대한 공로보상적 성격을 지니고, 이러한 퇴직급여를 받기 위해서는 일정 기간 근무할 것이 요구된다. 따라서 그와 같은 근무에 상대방 배우자의 협력이 기여한 것으로 인정된다면 그 퇴직급여 역시 부부 쌍방의 협력으로 이룩한 재산으로 인정하여 재산분할 대상이 될 수 있다고 보아야 한다.

따라서 부부 일방이 아직 재직 중이어서 실제 퇴직급여를 지급받지 않았더라도 퇴직급여 청구권은 이혼소송 종결 시에 이미 경제적 가치의 평가가 가능한 재산으로 재산분할 대상에 포함할 수 있는 것으로 판례를 변경했다.

한 걸음 더

장래 퇴직연금도 재산분할 대상이 된다

- 대법원은 같은 날 선고한 판결에서 이혼 당시 퇴직연금을 지급받고 있는 배우자와 이혼할 경우 아직 발생하지 않은 장래 퇴직연금에 대해서도 역시 재산분할을 청구할 수 있는 것으로 판례를 변경했다(대법원 2014. 7. 29. 선고 2012므2888 전원합의체 판결).

제 2 부

다 함께 행복한 세상
분쟁을 평화롭게 해결합니다

채팅방에서 '대머리'라고 놀리면 명예훼손일까?

대법원 2011. 10. 27. 선고 2011도9033 판결

사안 바라보기

온라인 리니지 게임을 즐기는 피고인은 게임 중 채팅방에서 평소 감정이 좋지 않았던 피해자를 향해 "00, 빼꺼, 대머리!"라는 내용의 글을 올렸다. 피고인은 인터넷 상의 명예훼손죄로 처벌받게 될까?

피고인의 행위는 정보통신망 이용촉진 및 정보보호 등에 관한 법률 위반(명예훼손)죄로 처벌받지 않는다.

깊게 들여다보기

리니지 게임 중에 채팅방에 '대머리'라는 말을 올려 버렸는데

피고인은 평소 리니지 게임 상에서 상대방이었던 피해자(00라는 닉네임을 사용)와 감정이 좋지 않았다. 그러던 어느 날 리니지 게임을 하던 중 여러 사람들이 볼 수 있는 채팅방에 "00 빼꺼, 대머리!"라는 글을 올렸다. 피고인은 정보통신망 이용촉진 및 정보보호 등에 관한 법률 위반(명예훼손)죄로 벌금 100만 원의 약식명령을 받고 이에 불복하여 정식재판을 청구했다. 1심법원은 피고인에게 무죄를 선고했고, 2심법원은 피고인의 유죄를 인정해 벌금 30만 원을 선고했다.

인터넷 상의 명예훼손으로 기소되다

정보통신망 이용촉진 및 정보보호 등에 관한 법률 위반(명예훼손)죄가 성립하려면 '사실'을 드러내어야 한다. 이 때 '사실'이란 특정인의 사회적 가치

내지 평가가 침해될 가능성이 있을 정도로 구체성을 띠어야 한다. 개인의 주관적인 감정이나 정서를 떠나서, 객관적으로 상대방의 사회적 가치나 평가를 떨어뜨리는 내용이 포함되어야 한다.

관련 규정 돋보기

정보통신망 이용촉진 및 정보보호 등에 관한 법률 제70조

① 사람을 비방할 목적으로 정보통신망을 통하여 사실을 드러내어 다른 사람의 명예를 훼손한 자는 7년 이하의 징역 10년 이하의 자격정지 또는 5천만 원 이하의 벌금에 처한다.

'대머리'라는 표현은 구체적 사실의 표현이 아니다

대법원은 먼저 피고인과 피해자는 직접 대면하거나 사진이나 영상으로도 상대방의 모습을 본 적이 없으며 단지 사이버 공간의 게임 상대방으로 닉네임으로만 접촉했을 뿐인 사정, 피고인이 인터넷 게임 중에 흥분하여 그러한 표현을 하게 된 의도나 경위 등에 비추어 보아 '빼꺼'나 '대머리'라는 표현이 경멸적 감정을 표현해 모욕감을 주기 위한 표현일 수는 있어도, 그 자체가 상대방의 사회적 가치나 평가를 저하시키기에 충분한 구체적인 '사실'을 드러낸 것으로 보기는 어렵다고 판단했다.

인터넷이라는 사이버 공간에서 의사표현이 지나친 제약을 받아서는 안 됨을 선언

인터넷 공간에서 이루어지는 대화나 표현은 사회의 건강을 해치지 않고 다른 사람의 권리를 해치거나 부당하게 간섭하지 않도록 절제되어야 하고 사회규범의 범위 내에 있어야 한다. 그러나 인터넷 공간에 글을 게시하는 것도 헌법이 보장하고 있는 표현의 자유에 의한 보호 대상이므로, 게시한 글의 내용이 형사적 처벌 대상이 되는지를 판단함에 있어서는 처벌규정을 엄격히 제한적으로 해석·적용해야 한다. 인터넷이라는 사이버 공간에서의 의사표현이 지나친 제약을 받지 않도록 해야 함을 일깨워 준 판결이다.

한 걸음 더

모욕죄로는 처벌받을 수 있을까?

- 여러 사람이 볼 수 있는 채팅방에서 경멸적 감정을 담아 객관적으로 모욕감을 느낄 만한 표현을 했으므로 형법상 모욕죄는 성립할 수 있다.

형법 제311조(모욕)

- 공연히 사람을 모욕한 자는 1년 이하의 징역이나 금고 또는 200만 원 이하의 벌금에 처한다.

성매매,
청소년이 먼저 원하고 접근했다면?

대법원 2011. 11. 10. 선고 2011도3934 판결

사안 바라보기

16세 여학생들이 채팅사이트에 접속하여 '2:1 만남'이라는 제목으로 성매수 남성을 구하고 있었다. 이를 본 어느 33세 남자가 "님아, 혹시, 만남?"이라고 먼저 물어 보았고, 여학생들이 나이와 성매매 조건을 제시하자 그 조건을 받아들였다. 이후, "소방서 근처 가서 전화하면 되지, 공중전화인데 괜찮지?", "하는 사람 두 명 만나서, 한 명이 돈을 전해주고, 그 동안 한 명은 나랑 하러 가고, 나중에 돈 주고 온 애랑 하면 되지."라는 등의 문구를 보냈으며, "교복 재킷을 입었는지?" 등의 문구도 함께 보냈다. 남자의 이러한 행동은 과연 처벌의 대상이 될까?

남자의 행동은 아동·청소년의 성보호에 관한 법률 제10조 제2항에서 말하는 '성을 팔도록 권유하는 행위'에 해당, 처벌의 대상이 된다. 이미 여학생들이 성매매의 의사를 가지고 있었다 하더라도 마찬가지다.

깊게 들여다보기

대담한 소녀들의 위험한 채팅

L(여, 16세) 양은 친구 두 명과 함께 채팅사이트에 접속하여 성매수 남성을 구했는데, 당시 개설한 채팅방의 제목은 '2:1 만남'이었다. 그리고 채팅방에 입장해 대화를 거는 남성들을 상대로, 미리 작성해 놓은 문구들을 보내는 방법으로 성매매 의사를 밝혔다. "ㅇㅇ소방서, 2:1이구요. 금액은 20, 160, 41, 156, 45구요."(여성 두 명과 남성 한 명이 성관계를 갖고, 금액은 20만 원이

며 여성 두 명의 신체조건은 각각 키 160㎝, 몸무게 41㎏, 키 156㎝, 몸무게 45㎏이라는 의미), "나이는 16살이구요. 지금 교복, 금액선불은 매너"라는 문구를 상대방에게 보낸 것이다. K 씨는 L 양이 개설한 채팅방 제목을 보고 "님아, 혹시, 만남?"이라고 말을 걸었고, 이에 L 양이 위 문구를 K 씨에게 보내 성매매 조건을 제시하자, K 씨는 그 조건을 받아들이는 취지의 문구를 다시 보내면서 L 양에게 접근했다.

남자가 성매매를 '권유'한 것인가?

이후 K 씨는 L 양의 전화번호를 물었고, L 양이 번호를 알려주자 "소방서 근처 가서 전화하면 되지? 공중전화인데 괜찮지?"라는 등의 문구를 보냈다. K 씨는 L 양과 성관계 방법, 금품 전달 방법 등에 대해 대화하면서 "하는 사람 두 명 만나서, 한 명이 돈을 전해주고, 그동안 한 명은 나랑 하러 가고, 나중에 돈 주고 온 애랑 하면 되지."라는 등의 문구를 보냈다. L 양이 노래방에서 성관계를 갖자고 하자 K 씨는 이를 받아들이는 한편, L 양 일행에게 교복 위에 교복 웃옷을 입었는지, 잠바를 입었는지 등을 물었다. 이에 L 양이 자신은 교복 웃옷을 입었고 다른 한 명은 잠바를 입었다고 하자 "암튼 교복만 짧으면 돼."라는 문구를 보냈다. K 씨는 ○○소방서에 도착하여 인근 공중전화에서 L 양에게 세 차례 전화해 "속바지 벗고 와라."는 등의 말을 하였다.

이미 청소년이 성매매 의사를 가지고 있었다 하더라도 성매매를 권유하는 행위에 해당하여 처벌된다!

이미 청소년이 성매매 의사를 가지고 있었던 경우에도, 그러한 아동·청소년에게 금품이나 그 밖의 재산상 이익, 직무·편의제공 등 대가를 제공하거나 약속하는 등의 방법으로 성을 팔도록 권유하는 행위는 아동·청소년의 성보호에 관한 법률 제10조 제2항에서 말하는 '성을 팔도록 권유하는 행위'에 포함된다. 따라서 K 씨가 위 채팅사이트에 접속, L 양과의 채팅을 통하여 성매매 장소, 대가, 연락방법 등에 관한 구체적인 합의에 이른 다음 약속장소 인근에 도착하여 L 양에게 '속바지를 벗고 오라'고 전화로 지시한 일련의 행위는 '아동·청소년에게 성을 팔도록 권유하는 행위'에 해당하고, 비록 L 양이 이미 성매매 의사를 가지고 인터넷 채팅사이트에서 성매수 행위를 할 자를 물색하고 있었다고 하더라도 달라지지 않는다.

관련 규정 톺보기

아동·청소년의 성보호에 관한 법률 제13조(아동·청소년의 성을 사는 행위 등)

② 아동·청소년의 성을 사기 위하여 아동·청소년을 유인하거나 성을 팔도록 권유한 자는 1년 이하의 징역 또는 1천만 원 이하의 벌금에 처한다.

한걸음 더

아동·청소년에 대하여는 성매매 유인·권유 행위도 처벌

- 속칭 원조교제가 우리 사회의 심각한 사회문제로 대두되면서 「청소년의 성보호에 관한 법률」이 제정되어 2000년 7월 1일부터 시행되었다. 이 법이 「아동·청소년의 성보호에 관한 법률」로 전면개정되어 2010년 1월 1일부터 시행되면서 아동·청소년의 성을 실제로 사는 행위뿐만 아니라 성을 사기 위하여 유인 또는 권유하는 행위에 대하여도 처벌하는 규정을 신설했다.

  이 법은 19세 미만의 아동·청소년을 성범죄로부터 보호하고 아동·청소년이 건강한 사회구성원으로 성장할 수 있도록 하는 것을 목적으로 하고 있다(제1조).

  대법원은 비록 아동·청소년이 이미 성매매의 의사를 가지고 있었다고 해도 아직 성에 대한 판단능력이 성숙했다고 보기는 어렵고, 그들에게 접근하여 성매매를 시도하는 자들을 처벌대상에서 제외하는 것은 입법 취지에 반한다고 본 것이다.

농구경기 중 부러진 이, 배상해야 할까?

대법원 2011. 12. 8. 선고 2011다66849(본소), 66856(반소) 판결

사안 바라보기

A 군은 야간에 B 군 등 친구들과 어울려 야외 농구장에서 반코트 농구경기를 하고 있었다. 그런데 경기 중 A 군이 리바운드를 하고자 점프해 공을 잡고 내려오다가 등 뒤에 서 있던 B 군의 입 부분과 어깨가 부딪혔고, 그 충격으로 그만 B 군의 앞니가 부러지고 말았다. A 군은 B 군에게 부러진 앞니에 대한 치료비 등을 배상해야 할까?

당시 A 군이 농구경기 중 지켜야 할 '안전배려의무'를 게을리 했다고 볼 수 없으므로 손해를 배상할 책임이 없다.

깊게 들여다보기

농구하다 이가 부러지다니

A 군과 B 군 등 친구 4명은 여름철(8월) 저녁 8시경 대학교 내 야외 농구장에서 코트의 반만을 사용해 친선 농구경기를 했다. 그런데 A 군이 리바운드를 하고자 점프해 공을 잡고 내려오던 중 바로 등 뒤에 서 있던 B 군의 입 부위와 오른쪽 어깨가 부딪혔고, 그로 인해 B 군의 앞니 두 개가 부러지고 그 좌우측 두 개의 이도 빠지고 말았다. 한편 A 군은 자신이 일상생활에서 사고를 일으켜 다른 사람에게 손해배상을 해야 할 경우에 대비해 M보험사에 보험을 가입해두고 있었다. B 군은 농구경기 중 A 군의 잘못으로 이가 부러진 것이라고 주장하면서 M보험사를 상대로 보험금을 청구했다. 이에 대해 M보험사는 당시 A 군이 잘못한 것이 없다면서 보험금 지급을 거절했다.

'안전배려의무' - 운동경기 중에는 누구나 지켜야 할 주의의무!

우리는 운동경기 또는 스포츠를 통해서 건강을 지켜 나가고 일상에서 오는 스트레스도 해소한다. 그런데 타인과의 경쟁에서 이기려는 운동경기의 특성상 사고의 위험성도 늘 함께 한다. 이런 점에서 운동경기 중 발생한 상해와 관련한 책임의 한계를 명확히 할 필요가 있다. 이 사건에서 대법원은 먼저 '운동경기에 참가하는 자는 자신의 행동으로 인해 다른 경기자 등이 다칠 수도 있으므로, 경기규칙을 준수하면서 다른 경기자 등의 생명이나 신체 안전을 확보해야 할 신의칙상 주의의무인 안전배려의무를 부담한다'고 판시함으로써 운동경기 참가자에게 안전배려의무가 있다는 일반적인 법리를 선언했다.

농구 등 신체적 접촉이 많은 운동경기에서의 안전배려의무는?

그런데 운동경기 중에는 혼자서 하거나 타인과의 신체적 접촉이나 대항이 없는 개인 경기(체조, 수영, 승마, 스키 등)와 두 사람 사이 또는 팀 사이의 대항으로 이루어지고 타인과의 신체적 접촉이나 대항에 따른 일정한 위험성이 있는 경기 등이 있다. 대법원은 상대선수에 대한 가격이 주로 이루어지는 형태의 운동경기(권투, 태권도 등)나 다수의 선수들이 한 영역에서 신체적 접촉을 통해 승부를 이끌어내는 운동경기(축구, 농구 등)의 경우 신체접촉에 수반되는 경기 자체에 내재된 부상의 위험이 있으며, 그 경기에 참가하는 자도 예상할 수 있는 위험은 어느 정도 감수하고 경기에 참가함을 지적했다. 따라서 해당 경기의 종류와 위험성, 당시 경기의 진행상황, 관련 당사자들의 경기규칙 준수 여부, 위반한 경기규칙이 있는 경우 그 규칙의 성질과 위반 정도, 부상의 부위와 정도 등의 여러 사정을 종합적으로 고려해 참가자의 안전배려의무 준수 여부를 판단해야 한다고 판시하면서, 다음과 같은 점에서 당시 A 군은 안전배려의무를 위반하지 않았다고 판단했다.

먼저 일반적으로 농구경기는 참가자들 사이에 신체적 접촉과 충격이 많은 경기인데, 당시 A 군과 B 군은 야간에 코트의 반만을 사용한 농구경기를 해 상당한 부상의 위험성이 내재되어 있었다. 그리고 농구경기에서 리바운드를 하던 중에 참가자들 사이에서 신체적 접촉이 발생하는 것은 통상 예상할 수 있는 상황이다. 당시 A 군은 리바운드를 잡고 내려오다가 B 군을 충격하게 된 것일 뿐 농구경기 규칙을 위반하지 않았다. 농구경기의 성질상 A 군이 자신의 뒤에 있을지도 모를 참가자와의 충돌을 피하기 위해 리바운드를 잡고 내려오는 중에 착지방향을 바꾸거나 몸을 움츠릴 것을 기대하기는 힘들다. 따라서 어깨 부위로 입 부위를 맞아 이가 부러지는 것은 그 부상 부위나 정도에 비추어 농구경기 과정에서 통상 발생할 수 있다고 본 것이다.

한 걸음 더

골프와 같은 개인운동경기의 경우에는?

- 골프경기 중 골프공을 친다는 것이 어이없게도 자신의 등 뒤편으로 쳐서 뒤에 서 있던 캐디에게 맞고 말았다. 대법원은 이 경우 주의의무를 현저히 위반한 사회적 상당성의 범위를 벗어난 행위로서 과실치상죄가 성립한다고 판단하면서, 골프와 같은 개인 운동경기에 참가하는 자 역시 자신의 행동으로 인해 다른 사람이 다칠 수도 있으므로 경기 규칙을 준수하고 주위를 살펴 상해의 결과가 발생하는 것을 미연에 방지해야 할 주의의무가 있고, 이러한 주의의무는 경기보조원인 캐디에 대하여도 마찬가지라고 판시했다(대법원 2008. 10. 23. 선고 2008도6940 판결).

싸이월드 방문자의 개인정보를 추적하다, 정보통신망법 위반일까?

대법원 2012. 1. 12. 선고 2010도2212 판결

사안 바라보기

한때 선풍적 인기를 누린 싸이월드(http://www.cyworld.com)! 싸이월드 미니홈피 운영자는 방문자가 방명록 등에 글을 남기지 않으면 방문자의 정보를 전혀 알 수 없게 되어 있다. 그런데 만약 싸이월드 미니홈피를 방문한 자의 싸이월드 고유 아이디, 방문 일시, 접속 IP, 이름 등을 알 수 있는 추적 프로그램을 만들어 유포했다면 죄가 될까? 죄가 된다면 어떤 죄에 해당할까?

비밀침해르 인한 정보통신망 이용촉진 및 정보보호 등에 관한 법률(이하 '정보통신망법') 위반죄가 성립한다.

깊게 들여다보기

당신의 싸이월드 방문자를 알려 드립니다?

P(남, 25세) 씨는 싸이월드 미니홈피 방문자의 개인정보를 추적할 수 있는 프로그램을 간들어 돈을 받고 이를 배포하기로 마음먹었다. 그는 싸이월드 미니홈피 방문자의 고유 아이디, 방문 일시, 접속 IP, 이름 등 방문자 개인정보를 추적할 수 있는 프로그램을 만들었다. P 씨는 자신이 운영하는 인터넷 사이트에 가입하여 방문자 추적 서비스 이용대금을 지불한 유료회원들에게 위 추적 프로그램을 제공·설치하도록 했다. 유료회원들은 그 이후 그들의 미니홈피를 방문한 사람의 개인정보를 확인할 수 있게 됐다.

P 씨가 만든 프로그램으로 알 수 있는 정보는 정보통신망법이 정한 '타인의 비밀'에 해당하나?

P 씨가 만든 프로그램으로 알 수 있는 방문자 접속 기록은 싸이월드에서 제공하지 않는 정보로서 일반회원들은 알 수 없는 것이고 개인적 신상정보에 해당한다. 미니홈피 방문자들의 경우 자신의 정보가 공개되지 않을 것을 전제로 미니홈피를 방문하기 때문에 이를 다른 사람에게 알리지 않는 것이 방문자에게 이익이 된다. 대법원은 위와 같은 이유로 위 정보는 정보통신망법 제49조의 타인의 비밀에 해당한다고 판단함으로써 P 씨가 비밀침해에 의한 정보통신망법 위반죄를 저질렀다고 판결했다.

관련 규정 돋보기

정보통신망 이용 촉진 및 정보보호 등에 관한 법률

- **제48조(정보통신망 침해행위 등의 금지)**

  ② 누구든지 정당한 사유 없이 정보통신시스템, 데이터 또는 프로그램 등을 훼손·멸실·변경·위조하거나 그 운용을 방해할 수 있는 프로그램(이하 "악성 프로그램"이라 한다)을 전달 또는 유포하여서는 아니 된다.

- **제49조(비밀 등의 보호)**

  누구든지 정보통신망에 의하여 처리·보관 또는 전송되는 타인의 정보를 훼손하거나 타인의 비밀을 침해·도용 또는 누설하여서는 아니 된다.

- **제71조(벌칙)**

  다음 각 호의 어느 하나에 해당하는 자는 5년 이하의 징역 또는 5천만 원 이하의 벌금에 처한다.

  9. 제48조 제2항을 위반하여 악성 프로그램을 전달 또는 유포한 자

  11. 제49조를 위반하여 타인의 정보를 훼손하거나 타인의 비밀을 침해·도용 또는 누설한 자

타인의 홈페이지를 방문한 자의 개인정보가 '보호가치 있는 비밀'에 해당함을 인정

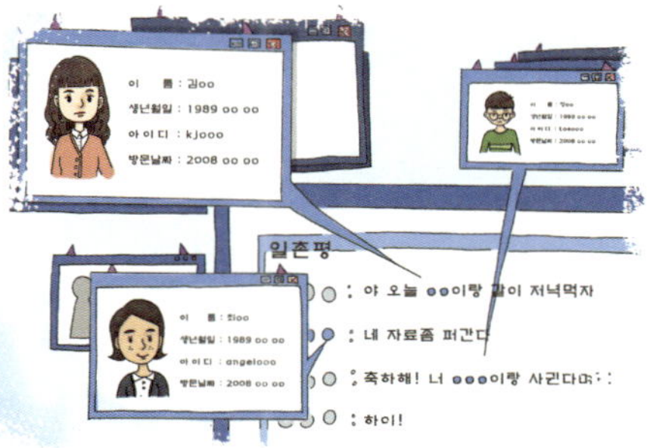

다른 사람이 운영하는 미니홈피를 방문하는 사람들 대부분은 자신이 그 미니홈피를 방문했다는 사실과 자신의 여러 정보를 그 운영자가 알 수 없을 것이라고 생각한다. 나아가 이 사건에서 P 씨가 만든 프로그램으로 알 수 있는 정보는 단순한 방문자의 확인 차원을 넘어서는 것이다. 이 판결은 이러한 사정들을 고려하여 방문자들의 접속기록이 정보통신망법이 정하는 보호가치 있는 '타인의 비밀'에 해당함을 선언했다는 점에 의의가 있다.

한 걸음 더

위 프로그램은 정보통신망법상의 악성 프로그램인가?

- 검사는 P 씨가 만든 프로그램이 정보통신망법이 정한 악성 프로그램이라는 이유로 이 부분 혐의로도 기소했다. 그러나 대법원은 위 프로그램이 유포되더라도 싸이월드 미니홈피의 운용이나 이용은 정상적으로 이루어지고 싸이월드의 접속지연 등 서버 장애도 없었으므로 위 프로그램은 '정보통신망법 제48조 제2항이 정한 정보통신시스템의 운용을 방해할 수 있는 악성 프로그램이라고 볼 수 없다'는 이유로 이 부분은 무죄로 판단했다.

교통사고의 처리를 부탁해, 그래도 뺑소니라고?

대법원 2012. 3. 29. 선고 2011도15172 판결

사안 바라보기

피고인은 승용차 조수석에 친구를 태우고 운전을 하다가 신호대기 중인 다른 승용차 뒷부분을 들이받았다. 이에 조수석에 있던 친구가 차에서 내려 피고인 대신 사고처리를 해 주겠다고 이야기했지만 피해자는 경찰에 사고를 신고했다. 막상 피고인은 친구에게 사고처리를 맡긴 뒤 친구만 현장에 남겨둔 채 승용차를 운전해 현장을 떠나 버렸다. 이 사고로 앞차에 타고 있던 사람 두 명은 각자 전치 2주, 3주에 해당하는 상해를 입었다. 피고인이 친구를 대리인으로 두고 현장을 떠나버린 행위는 뺑소니 범죄, 즉 특정범죄 가중처벌 등에 관한 법률 위반(도주차량)죄에 해당할까?

피고인의 행위는 특정범죄 가중처벌 등에 관한 법률 위반 제5조의3에서 정한 '특정범죄 가중처벌 등에 관한 법률 위반(도주차량)죄'에 해당한다.

깊게 들여다보기

피고인의 친구가 현장에 남아 있었는데?

피고인은 승용차 조수석에 친구를 태우고 운전하던 중에 전방 주시를 게을리해 신호대기 중이던 다른 승용차 뒷부분을 들이받았다. 친구만 차에서 내려 피해자 측에게 피고인 대신 사고처리를 해 주겠다고 했으나, 피해자 측은 경찰에 사고를 신고했다. 이 사고로 앞 승용차에 타고 있던 피해자 두 명은 전

치 2주, 3주에 해당하는 상해를 입었다. 막상 피고인은 친구만 현장에 남겨둔 채로 바로 승용차를 운전해 현장을 떠나 버렸다. 사고현장에 피고인의 친구가 남아 있었기 때문에 피고인의 신원 확인은 가능한 상태였고, 피고인은 현장을 떠나면서 친구에게 사고를 처리해 달라고 부탁했다.

실제 구호조치가 이루어지기 전에 피고인은 사고현장을 이탈

특정범죄 가중처벌 등에 관한 법률상 '구호조치를 취하지 않고 도주한 때'란, 사고운전자가 사고로 인해 피해자가 사망이나 부상을 당한 사실을 알았음에도 불구하고, 피해자를 구호하는 등 도로교통법상 규정된 조치를 취하지 않고 사고현장을 이탈하여, 사고를 낸 사람이 누구인지 확정될 수 없는 상태를 초래하는 경우를 말한다. 따라서 피해자의 부상 사실을 알면서도 도로교통법상 의무를 이행하기 전에 사고현장을 이탈했다면, 이탈 전에 피해자에게 신원을 확인할 수 있는 자료를 제공했어도 '구호조치를 취하지 않고 도주한 때'에 해당한다. 또한 구호조치를 반드시 사고 운전자 본인이 직접 할 필요는 없으나, 단순히 사고를 처리해 달라고 부탁만 하고 실제 병원이송 등 구호조치가 이루어지기 전에 사고현장을 이탈했으므로, 도로교통법상 조치를 취했다고 볼 수 없다.

따라서 이 사건에서, 사고현장에 남아 있던 친구를 통해 피고인의 신원을 확인할 수 있었다고 해도 피해자들에 대한 실제 구호조치가 이루어지기 전에 피고인이 사고현장을 이탈해 버린 이상 특정범죄 가중처벌 등에 관한 법률 위반(도주차량)죄가 성립한다.

관련 규정 돋보기

특정범죄 가중처벌 등에 관한 법률 제5조의3(도주차량 운전자의 가중처벌)

① 도로교통법 제2조에 규정된 자동차 · 원동기장치자전거의 교통으로 인하여 형법 제268조의 죄를 범한 해당 차량의 운전자가 피해자를 구호하는 등 도로교통법 제54조 제1항에 따른 조치를 하지 아니하고 도주한 경우에는 다음 각 호의 구분에 따라 가중처벌한다.

도로교통법 제54조

① 차의 운전 등 교통으로 인하여 사람을 사상하거나 물건을 손괴한 경우에는 그 차의 운전자나 그 밖의 승무원은 즉시 정차하여 사상자를 구호하는 등 필요한 조치를 하여야 한다.

구호조치 전 사고현장 이탈 책임을 엄격히 물어 특가법 위반(도주차량)죄 인정

1심법원은 피고인이 친구에게 구호조치를 부탁했고, 현장에서 필요한 조치는 피해자 측이 모두 취했으며, 피해자들의 상해정도가 가벼워 특별한 구호가 필요한 상황이 아니었다는 이유로 피고인의 특정범죄 가중처벌 등에 관한 법률 위반(도주차량) 범죄사실에 대해 무죄를 선고했다. 그러나 대법원은 이 경우에도 병원이송 등 실제 구호조치가 이루어지지 않은 상태에서 피해자가 무단으로 현장을 이탈한 이상 피고인의 신원이 친구에 의해 확인될 수 있었다고 해도 이러한 행위는 도주에 해당한다고 엄격하게 판단했다.

별거하고 있던 배우자도 유족연금을 받을 수 있을까?

대법원 2012. 4. 13. 선고 2011두525 판결

사안 바라보기

어느 국민연금 가입자가 자녀 양육 등의 문제로 배우자와 가정불화를 겪던 중, 지방에 있는 공사현장 기숙사로 가면서 배우자와 별거를 하게 되었다. 연금 가입자는 다른 여성과 교제하며 배우자와 이혼을 원했으나 배우자는 이에 응하지 않았다. 그러던 중 연금 가입자가 사망했는데 과연 배우자는 국민연금법에 따라 유족연금을 수령할 수 있을까?

위 배우자는 사망한 국민연금 가입자에 의해 생계를 유지하고 있던 배우자에 해당되므로 국민연금법상의 유족연금을 수령할 수 있다.

깊게 들여다보기

그들은 왜 별거를 하게 되었을까?

Y(남) 씨는 J 씨와 혼인하여 딸 O 양을 출생했으나, J 씨와 이혼 후 H 씨와 재혼했다. Y·H 부부는 O 양 양육에 관한 문제, 재산 문제 등으로 갈등을 겪고 있었다. Y 씨는 H 씨와 혼인 무렵부터 서울 근교 도시에 있는 빌라에 주민등록을 마치고 살았는데, 위와 같은 갈등 끝에 Y 씨가 지방 근무지 숙소로 이주하고 H 씨는 빌라에 계속 거주하면서 별거가 시작되었다. Y 씨는 딸 O 양을 자신의 여동생에게 맡겼고, 다른 여성과 교제를 시작하며 H 씨에게 이혼을 요구했다. 그러나 H 씨의 거부로 이혼은 성사되지 않았다.

망인의 딸 O 씨, 국민연금공단을 상대로 소송 제기, 왜?

위와 같이 별거가 지속되던 중 Y 씨는 사망했고, 국민연금공단은 H 씨가

국민연금 가입자인 Y 씨의 법률상 배우자로서 그에 의해 생계를 유지하고 있던 자이므로 유족연금 수급자에 해당한다며 유족연금 지급을 결정했다. 딸 O 씨는 "Y 씨와 H 씨의 혼인관계는 이미 사실상 파탄상태에 있었고, Y 씨가 사망할 무렵 H 씨는 그에 의하여 생계를 유지하고 있던 배우자에 해당하지 않는다."라고 주장하며 국민연금공단을 상대로 유족연금 지급결정을 취소하라는 소를 제기했다.

관련 규정 돋보기

국민연금법 제73조(유족의 범위 등)

① 유족연금을 지급받을 수 있는 유족은 가입자 또는 가입자였던 자가 사망할 당시 그에 의하여 생계를 유지하고 있던 다음 각 호의 자로 한다. 이 경우 가입자 또는 가입자였던 자에 의하여 생계를 유지하고 있던 자에 관한 인정 기준은 대통령령으로 정한다.

1. 배우자
2. 자녀(다만, 18세 미만이거나 장애등급 2급 이상인 자만 해당한다.)

(이하 생략)

국민연금법시행령 제47조(유족연금 지급 대상의 생계유지에 관한 인정기준)

법 제73조 제1항에 따라 유족연금의 지급 대상이 되는 가입자 또는 가입자였던 자에 의하여 생계를 유지하고 있던 자에 관한 대상자별 인정기준은 별표 1과 같다.

[별표 1]

생계 유지자의 대상자별 인정기준

대상자	인정기준
배우자·자녀	인정. 다만, 배우자의 경우로서 가출·실종 등의 사유로 명백하게 부양관계가 있는 것으로 볼 수 없는 경우에는 인정하지 않음. (이하 생략)

H 씨는 연금 가입자인 Y 씨가 부양하던 자에 해당할까?

1심법원은 “망인인 Y 씨가 H 씨를 부양하지 않았다.”는 O 씨의 주장을 받아들여 원고(O 씨) 승소 판결을 했다.

그러나 2심법원은 부부의 혼인관계가 파탄에 이르지 않았고 H 씨는 Y 씨에 의해 생계를 유지하고 있던 배우자에 해당하므로 유족연금 수령자로 보아야 한다며 원고 패소로 판결했다. “Y 씨가 H 씨의 명의의 휴대전화 사용료를 납부하고 피보험자 명의가 H 씨로 된 보험의 보험료도 지급하였으며, 결혼할 무렵부터 사망 시까지 같은 빌라에 살았고, H 씨는 이혼할 의사가 없었다.”는 사정 등이 그 근거였다. 대법원도 2심법원과 마찬가지로 H 씨는 Y 씨에 의해 생계를 유지하고 있던 배우자라고 판단했다.

배우자의 유족연금 수령권 배제요건을 엄격히 해석해야 함을 선언

배우자가 유족연금을 받으려면 연금 가입자 사망 당시 그 연금 가입자에 의해 부양되고 있었어야 한다. 연금 가입자의 배우자가 가출하거나 실종되는 등의 사유가 발생하면 연금 가입자가 배우자를 부양하지 아니한 것이 명백하므로 배우자의 유족연금 수령권이 배제된다(국민연금법 시행령 제47조 별표 1 참조). 따라서 연금 가입자 사망 시 별거 중이던 배우자도 당연히 유족연금 수령권이 배제되는 것으로 생각할 수 있다. 그러나 2심법원은 “법률상 배우자 사이에는 부양의무가 있고, 행정청이 부부의 혼인 파탄 여부까지 심사하여 연금 수급 여부를 결정할 권한을 가지지는 않는다.”는 이유로, 배우자가 별거 중이었다고 하더라도 유족연금을 수령할 수 있다고 판단했다. 대법원도 2심법원의 이러한 판단을 유지함으로써 법률상 배우자의 유족연금 수령권이 쉽게 배제되어서는 안 된다는 입장을 밝혔다.

대출업자에게 내 명의의 예금통장과 현금카드를 넘겨준다면?

대법원 2012. 7. 5. 선고 2011도16167 판결

사안 바라보기

피고인은 생활광고지에 기재된 광고를 보고 만난 대출업자로부터 "대출을 많이 받으려면 은행계좌를 많이 개설해 거래내역을 부풀려야 한다. 은행에서 당신 명의의 계좌를 개설해 통장, 현금카드, 비밀번호를 건네주면 1주일 후에 대출금과 함께 돌려주겠다."라는 말을 듣고 8개 은행에서 금융계좌를 개설해 통장, 현금카드, 비밀번호 등을 대출업자에게 건네주었다. 피고인의 행위는 무슨 죄에 해당할까?

피고인의 행위는 전자금융거래법에서 정한 금융계좌에 관한 접근매체의 양도·양수 금지를 위반한 행위로 전자금융거래법 위반죄에 해당한다.

깊게 들여다보기

피고인은 대출업자에게 속아 통장 등을 잠시 빌려준 것뿐인데?

피고인은 생활광고지에 기재된 광고를 보고 대출업자를 만나 대출상담을 받았다. 대출업자는 피고인에게 "대출을 많이 받으려면 은행계좌를 많이 개설하고 입출금을 반복해 거래내역을 부풀려야 한다. 은행에서 당신 명의의 계좌를 개설해 통장, 현금카드, 비밀번호를 건네주면 1주일 후에 대출금과 함께 돌려주겠다."라고 말했고, 피고인은 강남역 부근 8개 은행에서 금융계좌를 개설해 통장, 현금카드, 비밀번호 등을 대출업자에게 건네주었다. 하지만 당시 이를 받은 대출업자의 인적사항이나 사무실 등을 확인하지는 않았고, 1주일 후 통장 등을 돌려받을 시기나 장소, 방법 등을 따로 정하지도 않았다. 이후 피고인 명의의 통장은 대출신청 용도로 사용되지 않고 보이스피싱 범죄에 이용되었다.

피고인의 행위는 전자금융거래법상 금융계좌 접근매체 양도행위에 해당

형벌과 범죄는 법률에 규정되어 있어야 한다는 죄형법정주의에 따라서, 전자금융거래법에서 정하고 있는 '양도'의 의미는 엄격하게 해석해야 한다. 따라서 전자금융거래법상 '양도'는 단순히 접근매체를 빌려 주거나 일시적으로 사용하게 하는 행위를 포함하지 않고, 접근매체를 완전히 남에게 넘겨주는 행위만을 의미한다. 따라서 피고인이 자신의 변명처럼 단순히 대출 목적으로 1주일 정도만 통장 등 접근매체를 빌려 주려 했다고 인정된다면 접근매체 양도로 인한 범죄는 성립하지 않을 수 있다. 하지만 대법원은 이 사건의 경우에는 ① 피고인이 계좌를 개설하고 통장 등을 넘겨 줄 당시 이를 받은 사람들의 인적사항이나 사무실 등을 확인하지 않았고, ② 돌려받을 시기나 장소, 방법 등을 따로 정하지도 않았으며, ③ 특히 이 사건 바로 직전에 생활정보지를 통해 만난 사람들의 요청으로 은행계좌 10개를 개설해 통장 등을 양도하고 60만 원을 지급받은 일로 경찰 조사를 받은 적도 있었기 때문에, 피고인에게는 통장 등의 소유권을 넘겨줄 의사가 있었다고 판단했다.

관련 규정 돋보기

전자금융거래법

- **제49조(벌칙)**

  ④ 다음 각 호의 어느 하나에 해당하는 자는 3년 이하의 징역 또는 2천만 원 이하의 벌금에 처한다.

  1. 제6조 제3항 제1호를 위반하여 접근매체를 양도하거나 양수한 자

- **제6조(접근매체의 선정과 사용 및 관리)**

  ③ 누구든지 접근매체를 사용 및 관리함에 있어서 다른 법률에 특별한 규정이 없는 한 다음 각 호의 행위를 하여서는 아니 된다.

  1. 접근매체를 양도하거나 양수하는 행위

금융계좌 접근매체 양도에 대한 고의를 인정하여 책임을 엄격히 물은 사안

2심법원은 피고인이 대출업자를 가장한 사람에게 속아서 통장 등을 건네준 것으로 인정하고, 통장 등의 소유권을 완전히 이전했다고 보기 어렵다고 판단해 무죄를 선고했다. 그러나 대법원은 통장을 양도할 당시 피고인의 행동이나 비슷한 사건으로 경찰 조사를 받은 전적 등을 통해 보면 피고인이 미필적으로라도 통장 소유권을 넘긴다는 고의가 있었다고 판단했다. 보이스피싱 범죄가 사회문제화되고 있는 상황에서 범죄에 필수적인 대포통장 개설과 관련해 별다른 생각 없이 잘 알아보지 않고 자신 명의로 통장을 개설해 타인에게 이전하면 범죄가 성립되어 처벌받을 수 있음을 유의할 필요가 있다.

한 걸음 더

통장 등의 대여행위도 처벌된다

- 전자금융거래법은 대가를 주고 접근매체를 대여받거나 대가를 받고 대여한 자도 처벌받도록 규정하고 있다(전자금융거래법 제49조, 제6조 제3항 제2호). 따라서 본인 명의 통장 등의 소유권을 완전히 넘겨 준 것이 아니라 빌려 준 경우라 하더라도 대가를 받았다면 범죄행위로 처벌받을 수 있다.

여행지에서 일어난 일

대법원 2012. 9. 13. 선고 2010다56494 판결

사안 바라보기

S(남, 31세) 씨는 신혼여행으로 여행사의 해외기획여행 프로그램에 참가했다. 호텔 도착 이튿날 밤 10시 무렵 S 씨는 일행에게 호텔 수영장에 가자고 제의한 뒤 혼자 먼저 수영을 하다가 심장마비로 사망하고 말았다. 당시는 호텔 수영장 운영시간이 2시간가량 지난 후로 안전요원이 없었고, 수영장의 최대 수심은 2m 정도로서 폭이 좁은 편이었다. 한편 그날 저녁 여행사의 현지 안내인은 S 씨에게 야간에도 호텔 수영장에서 수영을 할 수 있다고 말한 바 있다. 이 경우 여행사는 S 씨의 사망에 대한 손해배상책임을 부담해야 할까?

당시 여행사 또는 그 현지 안내인이 여행자에 대한 설명의무 또는 안전배려의무를 게을리 했다고 보기 어렵다. 여행사는 S 씨의 사망에 대한 손해배상책임을 부담하지 않는다.

깊게 들여다보기

신혼여행 중 호텔 수영장에서 사망하다니

S(남, 31세) 씨는 K 씨와 결혼식을 올린 후 A여행사가 모집한 해외기획여행에 참가하여 인도네시아 발리로 신혼여행을 갔고, 현지 도착 후 R호텔로 이동하여 1박을 했다. 이튿날 S 씨 일행은 발리 관광을 마치고 오후 9시 45분경 R호텔로 돌아왔는데, 돌아오는 택시 안에서 A여행사의 현지 안내인은 밤에도 언제든지 R호텔 내 수영장에서 수영을 해도 된다고 말했다. S 씨는 R호

텔로 돌아와 K 씨 등 일행과 이야기를 나누면서 호텔 수영장에 가자며 먼저 수영복을 갈아입고 오후 10시경에 혼자 수영했다. 그런데 5분 만에 S 씨는 수영장에서 하늘을 향해 떠 있는 채로 발견되었고, 심폐소생술 등에도 불구하고 끝내 사망하고 말았다. 사망원인은 심장마비로 밝혀졌다. 호텔 객실에 비치된 안내서에는 수영장 운영시간이 오전 7시부터 오후 8시까지라고 적혀있고, 운영시간 이후에는 안전요원이 근무하지 않는다. 운영시간이 아닌 때에도 수영장 주변 공간은 식사를 하거나 휴식을 취하는 용도로 사용되고 있다. 한편 수영장 주변에 구명장비 등은 없지만 수영장의 최대 수심은 2m 정도이고 그 폭도 그리 넓지 않다.

기획여행에서 여행업자의 안전배려의무

우리나라 국민들 사이에도 생활에 여유가 생기면서 해외여행이 보편화되고 있다. 근래에는 젊은 층을 중심으로 자유여행이 인기를 끌고 있지만 그래도 아직까지 가장 일반적인 해외여행의 형태는 패키지여행, 즉 기획여행으로 보인다. 기획여행에서 여행업자는 통상 여행 일반은 물론 목적지의 자연적·사회적 조건에 관한 전문적 지식을 가지고 행선지나 여행시설의 이용 등에 관한 계약 내용을 일방적으로 결정한다.

반면, 여행자는 그 안전성을 신뢰하고 여행업자가 제시하는 조건에 따라 여행계약을 체결하게 된다. 위와 같은 점을 근거로 대법원은 그동안 여행업자가 기획여행계약상의 부수적 의무로서 여행자에 대하여 다음과 같은 안전배려의무를 진다고 판시해왔다.

「여행업자는 여행자의 생명·신체·재산 등의 안전을 확보하기 위하여 여행목적지·여행일정·여행행정·여행서비스기관의 선택 등에 관하여 미리 충분히 조사·검토하여 전문업자로서의 합리적인 판단을 해야 한다. 또한 여행업자는 기획여행계약 내용을 실시하면서 만나게 될지 모르는 위험을 미리 제거할 수단을 강구하거나 또는 여행자에게 그 뜻을 알려 여행자 스스로 그 위험을 수용할지 여부에 관하여 선택의 기회를 주는 등 합리적 조치를 취해야 한다」

자유시간 중에 호텔 수영장에서 심장마비로 사망한 여행객, 여행사에게는 책임 없어

이 사건에서 대법원은, R호텔 수영장은 최대 수심이 2m에 불과하고 그 폭도 그리 넓지 않으므로, 이와 같은 규모와 형태의 수영장에 대하여 A여헝사가 S 씨에게 그 위험성을 설명할 의무는 없다고 판단했다. 또한 호텔 객실에 비치된 안내서에 수영장 운영시간이 오후 8시까지로 기재되어 있었고, A여행사의 현지 안내인이 S 씨의 일행에게 밤에도 수영이 가능하다고 말한 것은 야간에도 R호텔이 수영장 이용을 제한하지는 않는다는 것을 설명한 취지에 불과한바, S 씨가 가이드관광 후 여행자 자유시간 중인 오후 10시경 혼자 수영장에 들어갔다가 심장마비로 사망한 것은 A여행사가 S 씨에 대한 안전배려의무를 게을리 한 탓이 아니라고 판단했다.

한 걸음 더

해외기획여행에서 여행업자의 책임이 인정된 사례는 없나요?

- 여행사의 현지 안내인이 여행자들에게 모터보트, 바나나보트 등 놀이시설 이용을 권유하면서 기기조작법, 안전수칙, 사고위험성에 대하여 충분히 교육을 하지 않았고, 결국 여행자들끼리 보트가 충돌하여 사고가 발생한 사안(대법원 1998. 11. 24. 선고 98다25061 판결)
- 여행사가 기획한 여행일정상 주간스키시간이 거의 종료될 즈음에야 스키를 시작할 수 밖에 없고, 야간 개장 슬로프가 아닌 다른 슬로프로 내려올 경우에는 리프트가 운행되지 않아 숙소로 복귀할 길이 없음에도 이러한 사정들을 충분히 설명하지 않아 여행자들이 결국 길을 잃어 조난당한 사안(대법원 2007. 5. 10. 선고 2007다3377 판결)

의식 없는 운전자,
올바른 음주측정 방법은?

대법원 2012. 11. 15. 선고 2011도15258 판결

사안 바라보기

음주운전을 하다 교통사고를 낸 M 씨가 응급실로 후송되었다. M 씨는 음주운전을 한 것으로 의심되었는데 당시 의식이 없어서 호흡측정기를 불 수도 없고, 혈액을 채취하려니 법관으로부터 압수영장을 받는 동안에 체내의 알코올이 희석되어 혈액 채취가 별 소용이 없을 것으로 보였다. 이런 상황에서 경찰관은 어떻게 M 씨의 음주운전 사실을 밝혀내야 할까?

신속하게 M 씨의 음주운전 혐의를 밝혀내야 하는 상황인데 법관의 압수영장을 받을 시간적 여유가 없는 긴급한 경우, 예외적으로 영장 없이 혈액을 채취할 수 있다. 다만 혈액을 채취한 후에는 지체 없이 법관으로부터 압수영장을 발부받아야 한다.

깊게 들여다보기

의식이 없는 음주운전 혐의자 M 씨에 대한 혈액 채취

M 씨는 2011년 3월경, 술에 만취한 상태로 오토바이를 타고 가다가 다른 차량을 들이받는 교통사고를 내고 의식을 잃은 상태로 병원으로 후송되었다.

병원으로 출동한 경찰관은 M 씨에게서 술 냄새가 나는 것을 보고 혈중 알코올농도 측정을 해야겠다고 생각했지만 당시 그는 의식이 없어 호흡측정기를 불 수 없는 상태였다. 남은 방법은 M 씨의 혈액을 채취해 검사하는 방법으로 원칙적으로 본인의 동의가 있어야 했다. 경찰관은 차선책으로 병원에 있는 M 씨 아들의 동의를 얻었고 의료진이 M 씨의 혈액을 채취했다. M 씨의 혈액을 검사한 국립과학수사연구소는 그의 혈중알코올농도가 0.211%로 측정되었다는 검사결과를 경찰관에게 회신했다. 그런데 경찰관은 M 씨의 혈액을 채취하기 전이나 그 후로도 혈액 채취에 관해 법원으로부터 압수수색영장을 발부받지 않았다. 검사는 M 씨를 음주운전 혐의로 기소했고 그에 대한 혈중 알코올농도 검사결과를 증거로 제출했다.

M 씨에 대한 혈액 채취는 적법할까?

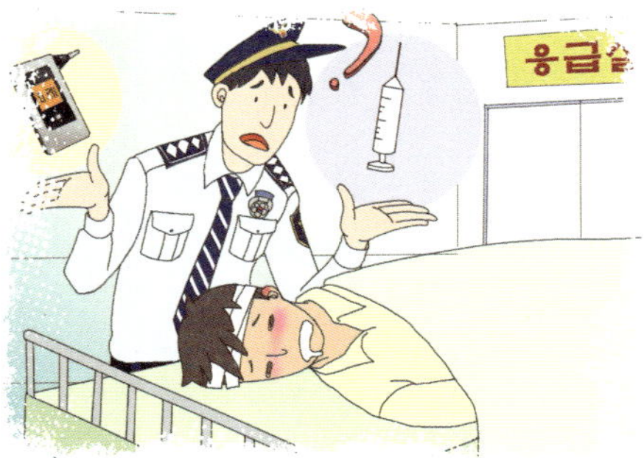

수사기관은 범죄수사를 위해 필요한 경우에 당사자의 동의를 받아 혈액이나 모발, 소변을 채취할 수 있다.

그렇지만 당사자가 동의하지 않아 강제로 혈액을 채취하려면 법관이 발부한 압수영장이 필요하다. 이 사건의 경우 경찰관은 M 씨로부터 혈액 채취에 대한 동의를 받지 않았고 압수영장을 발부받지도 않았다. 경찰관은 대신 아들의 동의를 받아 영장 없이 M 씨의 혈액을 채취했다. 경찰관의 조치는 적법할까? 그리고 이러한 조치에 따라 얻은 혈중 알코올농도 검사결과를 음주운전 혐의에 대한 증거로 재판에서 사용할 수 있을까?

혈액 채취는 적법하지만, 사후에 압수영장을 받지 않은 것은 위법

대법원은 M 씨 아들의 동의로는 충분하지 않고 혈액 채취를 위해서는 원칙적으로 M 씨의 동의를 받아야 한다고 보았다. 다만 M 씨가 교통사고 직후 응급실로 후송되어 왔으므로 그를 음주운전의 현행범에 준하는 것으로 볼 수 있기 때문에, 압수영장을 발부받을 만한 시간적 여유가 없는 예외적 상황에서는 영장 없이도 M 씨의 혈액을 채취할 수 있다고 보았다. 그렇지만 대법원은 경찰관이 사후에 지체 없이 법원으로부터 압수영장을 발부받지 않은 것은 위법하다고 보았다. 따라서 M 씨의 혈액을 검사해 얻은 혈중 알코올농도 검사결과는 위법한 절차에 따라 수집된 증거여서 재판에서 증거로 쓸 수 없다고 판결했다.

수사기관의 적법한 절차에 따른 증거수집 의무

대한민국 헌법 제12조는 '체포·구속·압수 또는 수색을 할 때에는 적법한 절차에 따라 검사의 신청에 의하여 법관이 발부한 영장을 제시하여야 한다'고 압수수색절차에서의 영장주의를 선언하고 있다. 또 형사소송법 제308조의2는 '적법한 절차에 따르지 아니하고 수집한 증거는 증거로 할 수 없다'고 규정하고 있는데, 이를 '위법수집증거 배제법칙'이라고 한다. 범죄를 수사하고 그에 상응한 형사처벌을 통해 선량한 다수의 국민을 범죄의 위험으로부터 보호하는 것이 국가의 중요한 책무이지만, 그 과정에서 국민의 인권이 부당하게 침해되는 일이 없도록 수사기관이 위법하게 수집한 증거로는 국민을 처벌할 수 없도록 하고 있는 것이다. 또한 음주운전에 대한 수사과정에서 진실 규명의 필요성과 국민의 인권 보호라는 서로 충돌하는 이념을 조화롭게 실현하기 위해 수사기관이 따라야 할 기준을 제시하였다는 점에서도 그 의의를 찾을 수 있다.

한 걸음 더

위법하게 수집된 증거는 무조건 증거로 쓸 수 없다?

• 수사기관이 적법한 절차를 준수하지 않고 수집한 증거를 무조건 증거로 쓸 수 없는 것일까? 대법원은 인권 보장을 위해 헌법과 형사소송법이 미리 마련한 절차를 따르지 않고 위법하게 수집된 증거는 원칙적으로 증거로 사용할 수 없지만, 그 원칙이 언제나 절대적으로 적용되는 것은 아니라고 판시하고 있다. 즉 증거수집 과정에서 있었던 모든 사정을 종합적으로 볼 때, 수사기관이 절차를 위반한 정도가 심하지 않고 오히려 증거로 삼을 수 없다고 보는 것이 정의에 반하는 결과가 된다고 볼 수 있는 예외적인 경우에는 증거로 사용될 수 있다(대법원 2007. 11. 15. 선고 2007도3061 전원합의체 판결).

산후조리원의 진실을 말하다

대법원 2012. 11. 29. 선고 2012도10392 판결

사안 바라보기

피고인은 출산 후 이용한 산후조리원에 대한 후기를 임신, 육아 등과 관련한 유명 인터넷 카페나 블로그에 9회에 걸쳐 게시했다. 그 주된 내용은 온수 브일러 고장, 산후조리실 사이의 소음 등 이용 시 불편했던 점들에 대한 피고인의 항의에 대해 손해배상을 청구하겠다고 한 산후조리원의 당시 대응에 관한 것이었다. 인터넷 카페에서는 피고인에게 공감하는 회원들과 피고인이 예민하게 반응한 것이라는 회원들 사이에 한바탕 토론이 이루어지기도 했다. 피고인이 산후조리원에서의 불편사항을 적은 후기를 인터넷 카페에 올린 것은 인터넷 상의 명예훼손에 해당할까?

피고인이 게시한 내용은 산후조리원 정보를 구하려는 임산부들의 의사결정에 도움이 되는 정보 및 의견 제공이라는 공공의 이익에 관한 것이므로, 피고인의 행위에는 인터넷 상의 명예훼손죄가 성립하는 데 필요한 '비방의 목적'이 인정되지 않는다.

깊게 들여다보기

피고인은 산후조리원을 비방할 목적으로 후기를 올린 것일까?

피고인은 둘째 아이를 출산한 후 2주간 이용한 산후조리원 이용 후기를 9회에 걸쳐 임신, 출산 관련 유명 인터넷 카페나 블로그에 게시했다. 피고인은 게시글에서 산후조리원이 친절하고 좋은 점이 많다는 점도 언급하면서,

임산부들의 신중한 산후조리원 선택에 도움을 주고자 글을 작성한다는 점을 밝혔다. 하지만 그 주된 내용은 ① 온수 보일러 고장, 산후조리실 사이의 소음, 음식의 간 등 산후조리원에서 겪었던 불편한 점들, ② 산후조리원측이 환불을 요구하는 피고인의 항의에 '막장으로 소리를 지르며' 피해가 생기면 손해배상을 청구하겠다는 취지로 대응한 점, ③ 피고인의 이용 후기가 자꾸 삭제되는 것 등이었다. 인터넷 카페에서는 피고인의 글에 대한 댓글 형식으로, 그에게 공감을 표시하거나 그가 예민하게 반응하는 것이라는 카페 회원들 사이에 활발한 토론도 이루어졌다.

관련 규정 돋보기

정보통신망 이용촉진 및 정보보호 등에 관한 법률 제70조

① 사람을 비방할 목적으로 정보통신망을 통하여 사실을 드러내어 다른 사람의 명예를 훼손한 자는 7년 이하의 징역, 10년 이하의 자격정지 또는 5천만 원 이하의 벌금에 처한다.

객관적 사실에 입각해 쓴 소비자의 후기라면 공공의 이익을 위한 글

인터넷 상의 명예훼손죄가 성립하려면 피고인에게 산후조리원을 '비방할 목적'이 인정되어야 한다. 비방할 목적은 공공의 이익을 위한 목적과 상반되므로, 기재한 사실이 공공의 이익에 관한 것이라고 볼 수 있다면 특별한 사정이 없는 한 비방의 목적은 인정되지 않는다. 공공의 이익에는 일반 다수인 전체의 이익뿐 아니라 특정한 사회집단이나 그 구성원 전체의 관심과 이익에 관한 것도 포함된다. 주된 동기나 목적이 공공의 이익을 위한 것이라면 부수적으로 다른 사익을 위한 목적이나 동기가 포함되어 있어도 비방할 목적이 있다고 보기 어렵다.

피고인의 주된 목적은 임산부에 대한 정보 제공에 있었다고 판단

피고인의 글은 산후조리원을 실제 이용한 소비자로서 겪은 일과 이에 대한 주관적 평가를 담은 이용 후기다. 다소 과장된 표현이 사용되기는 하였지만 이는 피해자 측 태도의 문제점을 지적하는 것으로 주된 내용은 객관적 사실에 부합하고 있다. 산후조리원에 관한 정보는 출산을 앞둔 임산부들의 관심과 이익에 관한 것이고, 피고인이 게시한 글의 공표 상대방은 인터넷 카페 회원이나 산후조리원 정보를 검색하는 인터넷 사용자들에게 한정된다고 볼 수 있다. 영리목적으로 산후조리 서비스를 제공하는 피해자로서는 불만이 있는 산모들의 자유로운 의사 표명을 어느 정도 감수해야 한다. 따라서 대법원은 피고인이 게시한 글은 산후조리원 정보를 구하고자 하는 임산부의 의사결정에 도움이 되는 정보 및 의견 제공이라는 공공의 이익에 관한 것이라고 볼 수 있다고 보았다. 부수적으로 산후조리원 이용대금 환불이라는 목적이나 동기가 있었다 하더라도 그 사정만으로 비방 목적을 인정할 수 없다고 판단했다.

소비자가 객관적 사실을 바탕으로 작성한 후기에 대해 '비방의 목적'을 인정하려면 신중한 판단이 필요하다는 취지

1, 2심 법원은 모두 유죄를 인정하여 피고인에게 벌금형을 선고했다. 그러나 대법원은 피고인의 주된 동기가 임산부에 대한 정보 제공에 있었다고 판단해 비방의 목적을 인정하지 않았다. 특히 실제 소비자가 인터넷에 자신이 겪은 객관적 사실을 바탕으로 사업자에게 불리한 내용의 글을 게시할 경우에는 비방의 목적을 신중하게 심사해야 한다고 명시해 소비자의 의견 제시 권리를 폭넓게 보호했다.

온라인 상거래의 명암

대법원 2012. 12. 4.자 2010마817 결정

사안 바라보기

오픈마켓에서 유명 브랜드의 위조상품(이른바 '짝퉁') 유통이 반복되었다. 위조상품 유통사실을 확인할 때마다 오픈마켓 운영자에게 그때그때 필요한 개별적·사후적 조치를 요구해오던 해당 상표권자가 이제는 한걸음 더 나아가 일반적·사전적·적극적 조치를 구하는 데에 이르렀다. 오픈마켓 운영자가 위조상품 유통을 방지할 의무의 한계는 어디까지인가?

판매자와 구매자를 연결하는 시스템을 제공할 뿐인 오픈마켓의 운영자라 하여도 특별한 경우 상표권을 침해하는 부정 게시물을 삭제하고 재발방지책을 마련하는 등 적절한 조치를 취할 것이 요구된다. 오픈마켓 운영자가 이를 게을리하면 상표권 침해에 대한 공동불법행위책임을 질 수 있다. 다만, 이 경우 오픈마켓 운영자의 조치의무에, 타인의 상표권을 침해하는 것으로 의심되는 게시물을 게시한 판매자의 신원정보 및 판매정보를 임의로 상표권자에게 제공할 의무까지 포함되는 것은 아니다.

깊게 들여다보기

위조 상품 온라인 유통에 대한 상표권자의 대응

세계적 운동용품 제조사인 A사는 B사가 운영하는 오픈마켓(운영자가 판매자로서 직접 소비자들에게 상품을 판매하는 형태가 아니라, 판매자와 구매자 사이에 거래가 이루어질 수 있는 전자거래 시스템을 제공하고 그 대가로 판매자로부터 서비스 이용료를 받을 뿐 판매자와 구매자 사이의 구체적 거래에는 관여하지 않는 온라인 쇼핑몰 운영방식)을 통한 위조상품 유통이 빈발하자 2005년 이후 주 1~3회 가량 B에게 위조추정상품 목록을 통보하면서 판매 중단조치 및 해당 판매자들의 ID 삭제를 요청했다. B는 이러한 요청이 있으면 바로 해당 상품에 대하여 판매중단조치를 하고, 판매자에게 해당 상품의 진정성을 소명할 것을 요구한 후 판매자가 불응 시 판매자격정지 등의 조치를 했다. 이후 A는 한걸음 더 나아가 B에게 상품정보 등록 전 해당상품의 진정성 확인, 위조상품 등록 여부에 대한 상시감시(monitoring), 포괄적 · 사전적 자동검색을 통한 위조상품 등록 차단(filtering), 위조상품 판매자 인적사항 관리 · 제공 및 판매자 등록 시 본인인증제 실시 등 사전적·포괄적·적극적 조치의 이행을 요구하는 가처분 신청을 제기했다.

오픈마켓 운영자의 위조상품 유통방지 의무의 한계

판매자와 구매자를 연결하는 시스템을 제공할 뿐인 오픈마켓의 특성상 곧바로 운영자에게 상표권 침해 게시물에 대한 불법행위책임을 지울 수는 없다. 다만, 오픈마켓 운영자가 제공하는 인터넷 게시공간에 게시된 상표권 침해 게시물의 불법성이 명백하고, 오픈마켓 운영자가 그러한 게시물의 존재를 인식했거나 인식할 수 있었으며, 나아가 기술적 · 경제적으로 그 게시물에 대한 관리 · 통제가 가능한 경우에는, 오픈마켓 운영자에게 그 게시물을 삭제하고 향후 해당 판매자가 위 인터넷 게시공간에서 해당 상품을 판매할 수 없도록 하는 등의 적절한 조치를 취할 것이 요구된다. 만약 오픈마켓 운영자가 이를 게을리하여 게시자의 상표권 침해를 용이하게 했을 때에는 위 게시물을 직접 게시한 자의 행위에 대해 부작위에 의한 방조자로서 공동불법행위책임을 진다. 그러나 이러한 경우에도 오픈마켓 운영자에게 요구되는 조치의무에 타인의 상표권을 침해하는 것으로 의심되는 게시물을 게시한 판매자의 신원정보 및 판매정보를 오픈마켓 운영자가 임의로 상표권자에게 제공할 의무까지 포함된다고 할 것은 아니다.

이 사건의 경우 오픈마켓 운영자인 B는 부정판매자를 배제하기 위한 각종 장치 및 제도를 비교적 충실하게 운영하고 있다.

그렇다면 그가 운영하는 쇼핑몰에서 이 사건 상표권을 침해하거나 침해할 개연성이 있는 상품이 판매되고 있다는 사정만으로 바로 B가 고의 또는 과실로 개별적·구체적 사후방지 의무를 게을리 했다고 보기 어렵고, B가 A의 상표권을 침해하는 것으로 의심되는 상품판매정보를 직접 게시한 판매자 신원정보 및 판매정보를 상표권자에게 제공하여야 할 의무를 부담한다고 볼 수도 없다.

오픈마켓의 특성을 고려한 운영자의 의무범위 획정

이 사건 결정은 '오픈마켓 판매자의 상표권 침해행위에 대한 운영자의 방지의무'에 관하여 최초로 설시한 사안으로, 오픈마켓 운영자가 상표권 침해행위를 방지할 의무의 내용과 한계를 명확하게 밝힌 점에서 그 의의가 크다.

남편에 대한 아내의 부양의무 vs 자식에 대한 부모의 부양의무

대법원 2012. 12. 27. 선고 2011다96932 판결

사안 바라보기

며느리가 장기간 의식이 혼미한 남편을 방치해 시부모가 부양했다면, 시부모는 며느리에게 부양료 상환을 청구할 수 있을까?

부부간 상호부양의무는 혼인관계의 본질을 형성하는 제1차 부양의무이고, 부모가 성년의 자녀에 대해 부담하는 부양의무는 보충적인 후순위의 제2차 부양의무이다. 따라서 제2차 부양의무자로서 성년인 아들을 부양한 시부모는 제1차 부양의무자인 며느리에게 그 비용의 상환을 청구할 수 있다.

깊게 들여다보기

불의의 사고와 파경

K 씨의 아들이자 L 씨의 전 남편인 Y 씨는 2006년 사고로 머리를 다친 후 현재까지 의식이 혼미한 상태에 있다. K 씨는 사고 이후 아들 Y 씨의 병원비, 간병비 등으르 약 2억 4,000만 원을 지출했다. 한편, K 씨는 2011년 Y 씨의 특별대리인이 되어 며느리인 L 씨를 상대로 이혼 등 청구소송을 제기했고, 소송결과에 따라 Y 씨와 L 씨의 이혼이 확정되었다.

1, 2심 법원 - 배우자의 부양의무 ≒ 부모의 부양의무

K 씨는 L 씨를 상대로 자신이 지출한 비용의 상환을 청구하는 소송을 제기했으나, 1심과 2심은 배우자라 하여 부모 또는 성년인 자녀 등 다른 부양

의무자가 있음에도 무조건적인 부양의무를 부담한다거나 배우자의 부양의무가 친족 간의 부양의무보다 항상 우선한다고 볼 수 없고, 부양의무자인 K 씨가 아들인 Y 씨를 위하여 이미 지출한 병원비 등은 자신의 부양의무를 이행한 것이지 L 씨의 의무를 대신 이행한 것은 아니라는 등의 이유로 K 씨의 청구를 기각했다.

관련 규정 돋보기

민법 제826조(부부간의 의무)

① 부부는 동거하며 서로 부양하고 협조하여야 한다. 그러나 정당한 이유로 일시적으로 동거하지 아니하는 경우에는 서로 인용하여야 한다.

대법원 - 배우자의 부양의무 > 부모의 부양의무

민법 제826조 제1항에 규정된 부부간의 상호부양의무는 혼인관계의 본질적 의무이다. 이는 부양을 받을 자의 생활을 부양의무자의 생활과 같은 정도로 보장하여 부부공동생활의 유지를 가능하게 하는 것을 내용으로 하는 제1차 부양의무이다. 반면, 부모의 성년 자녀에 대한 부양의무는 부양의무자가 자기의 사회적 지위에 상응하는 생활을 하면서 생활에 여유가 있음을 전제로 자녀가 그 능력만으로는 생활을 유지할 수 없는 경우에 한하여 부담하는 제2차 부양의무이다. 이러한 제1차 부양의무와 제2차 부양의무의 구분은 의무이행의 정도뿐만 아니라 의무이행의 순위도 의미한다. 따라서 제2차 부양의무자는 제1차 부양의무자보다 후순위로 부양의무를 부담한다. 그러므로 제2차 부양의무자가 부양받을 자를 부양한 경우에는 제1차 부양의무자를 상대로 그 비용을 상환청구할 수 있다.

부부는 일심동체

이 사건 대법원 판결은 사랑과 신뢰에 기초한 공동 생활단위로서 혼인관계의 본질을 직시하여 배우자의 부양의무가 친족간 부양의무에 우선한다는 점을 명확히 한 것으로 평가할 수 있다.

한 걸음 더

- 대법원은 또한, 부부 사이의 부양의무 중 과거의 부양료에 관하여는 특별한 사정이 없는 한 부양을 받을 사람이 부양의무자에게 부양의무의 이행을 청구하였음에도 불구하고 부양의무자가 부양의무를 이행하지 아니함으로써 이행지체에 빠진 후의 것에 관하여만 부양료 지급을 청구할 수 있으므로, 부양의무자인 부부의 일방에 대한 부양의무 이행청구에도 불구하고 배우자가 부양의무를 이행하지 아니함으로써 이행지체에 빠진 후의 것이거나, 그렇지 않은 경우에는 부양의무의 성질이나 형평의 관념상 이를 허용해야 할 특별한 사정이 있는 경우에 한하여 이행청구 이전의 과거 부양료를 지급하여야 한다고 판시했다.

신체접촉이 없었다면 추행죄가 아니다? Oh No!

대법원 2013. 1. 16. 선고 2011도7164, 2011전도124 판결

사안 바라보기

25세인 남자가 11세인 여학생을 뒤따라가 아파트 엘리베이터에 함께 탔다. 엘리베이터가 올라가기 시작하자 그는 반바지를 내리고 자신의 성기를 꺼내어 손으로 잡고 여러 방향으로 움직였다. 이를 본 여학생이 놀라 고개를 돌렸지만 남자는 위 행위를 멈추지 않고 오히려 여학생 쪽으로 다가갔다. 한편 남자는 여학생의 몸에는 전혀 손을 대지 않았고 흉기로 여학생을 협박하지도 않았다. 남자의 이러한 행동은 범죄에 해당할까? 해당한다면 어떠한 범죄일까?

성폭력범죄의 처벌에 관한 특례법(이하 '성폭법') 제7조 제5항이 정한 '13세 미만의 사람에 대한 위력에 의한 추행죄'에 해당한다.

깊게 들여다보기

그날 엘리베이터에서는 무슨 일이 있었던 것일까?

A(남, 25세) 씨는 아파트 단지를 배회하다가 B(여, 11세) 양이 혼자 귀가하는 것을 보고 엘리베이터에 함께 탔다. B 양이 10층 버튼을 누르고 엘리베이터 출입문 옆에 서자 A 씨는 그보다 높은 층을 누른 후 엘리베이터 출입문 반대쪽 벽에 섰다. 엘리베이터가 올라가자 A 씨는 B 양의 뒤쪽에서 그녀를 바라보며 반바지를 내리고 성기를 꺼내어 손으로 잡고 위아래 등 여러 방향으로 움직였다. B 양은 A 씨의 이러한 행동을 발견하고 놀랐는데, A 씨는 자신의 행위를 멈추지 않은 채 오히려 B 양 쪽으로 다가갔다. 10층에서 엘리베이터

문이 열리자 B 양이 뛰어내렸고, A 씨는 "미안하다."고 말하며 문을 닫았다.

13세 미만의 사람에 대한 위력에 의한 추행죄 성립

피고인(A 씨)의 행위는 피해자(B 양)의 성적 자유의사를 제압하기에 충분한 세력에 의하여 추행행위에 나아간 것으로서 성폭법 제7조 제5항이 정한 '위력에 의한 추행죄'에 해당한다. 다만, 폭행이나 협박으로 사람을 추행할 경우에 성립하는 성폭법 제7조 제3항의 '강제추행죄'에는 해당하지 않는다.

관련 규정 돋보기

성폭력범죄의 처벌 등에 관한 특례법 제7조
(13세 미만의 미성년자에 대한 강간, 강제추행 등)

③ 13세 미만의 사람에 대하여 형법 제298조(강제추행)의 죄를 범한 사람은 5년 이상의 유기징역 또는 3천만 원 이상 5천만 원 이하의 벌금에 처한다.

⑤ 위계 또는 위력으로써 13세 미만의 사람을 간음하거나 추행한 사람은 제1항부터 제3항까지의 예에 따라 처벌한다.

형법 제298조(강제추행)

폭행 또는 협박으로 사람에 대하여 추행을 한 자는 10년 이하의 징역 또는 1천500만 원 이하의 벌금에 처한다.

위력에 의한 추행이란?

'추행'이란 일반인에게 성적으로 수치심이나 혐오감을 일으키게 하고 선량한 성적 도덕관념에 반하는 행위로서 '피해자의 성적 자유를 침해하는 것'을 의미한다. '위력'이란 '피해자의 성(性)에 대한 자유로운 의사를 제압할 만한 힘'으로서, 폭행이나 협박이 있어야 하는 것은 아니다. 위력으로써 추행한 것인지에 대한 여부는 행위자가 어떠한 과정을 거쳐 문제된 행위를 하게 되었고 구체적으로 무슨 행위를 했는지, 피해자는 몇 살인지, 범행 당시의 상황은 어떠했는지 등 여러 사정을 고려해 판단한다.

'강제추행죄'와는 다른 '위력에 의한 추행죄'의 성립범위 선언

피고인은 나이 어린 학생을 범행 대상으로 엘리베이터라는 공간을 이용하여 학생이 도움을 청할 수 없는 상황을 만들어 범행을 했다. 대법원은 '이러한 피고인의 행위는 일반인에게 수치심을 느끼게 하고 피해자의 성적 자유의사를 침해하는 것이며, 11세의 어린 피해자가 심한 정신적 충격을 받았을 것'이라는 등의 이유로 위력에 의한 추행죄가 인정된다고 판시했다. 흔히 추행죄는 강압적인 방법으로 피해자의 신체를 만지거나 접촉하는 경우에만 성립된다고 생각하기 쉽다. 그러나 이 판결은 피고인과 피해자 사이에 신체접촉이 전혀 없고 피고인이 칼과 같은 흉기를 사용하지 않은 채 엘리베이터에서 어린 여학생을 바라보며 자신의 성기를 옷에서 꺼내어 움직인 것만으로도 위력에 의한 추행죄가 성립한다는 점을 분명히 했다는 점에 의의가 있다. 좁은 공간에서 신체가 크고 낯선 남자가 행한 음란행위로 인하여 어린 여학생이 받았을 심리적인 위압감이나 불안감 등을 고려하여 위력에 의한 추행의 범위를 비교적 넓게 인정한 것이다.

한 걸음 더

유사 판결과의 비교

- 이 사건 판결이 선고되기 전에도 '엘리베이터 안에서 피해자에 대한 신체접촉 없이 자위행위를 한 것이 강제추행에 해당할 수 있다'는 판결이 선고된 바 있다(대법원 2010. 2. 25. 선고 2009도13716 판결). 그러나 위 판결의 사안은 피고인이 피해자를 칼로 위협하는 등 꼼짝하지 못하도록 했고, 단순히 피해자를 바라보며 성기를 움직인 것이 아니라 자위행위를 하며 피해자로 하여금 그 모습을 보도록 한 사안이라는 점에서 이 사건과는 구별된다.

렌터카를 대신 운전하다 사고가 나면?

대법원 2013. 9. 26. 선고 2012다116123 판결

사안 바라보기

P 씨는 K렌터카 회사로부터 렌터카를 빌렸는데, 그 렌터카계약서에는 '임차인 유의사항'으로 「임차인의 제3자가 운전하여 사고가 발생하였을 시 보험혜택을 받지 못합니다」라는 내용이 인쇄되어 있다. 그럼에도 P 씨는 Y 씨에게 운전을 맡겼는데, Y 씨가 운전을 하던 중 그만 교통사고가 발생하고 말았다. K렌터카 회사의 보험사인 A사는 교통사고 피해자들에게 보험금을 지급한 다음 운전자인 Y 씨를 상대로 구상금을 청구해왔다.

Y 씨는 A보험사의 구상금 청구에 응해야 할까?

보험사인 A사와의 관계에서, K렌터카 회사는 '기명피보험자', 렌터카를 빌린 P 씨는 '승낙피보험자'에 해당하여 각각 보험혜택을 받을 수 있다. 그러나 Y 씨는 렌터카계약서에 명시적으로 적힌 문구에 반하여 운전한 제3자로서 '운전피보험자'에 해당하지 아니하고, 보험혜택을 받을 수 없다.

따라서 Y 씨는 A보험사의 구상금 청구에 응해야 한다.

깊게 들여다보기

렌터카는 내 이름으로 빌리고, 운전은 다른 사람이

P 씨는 K렌터카 회사로부터 렌터카를 빌렸다. 그 렌터카계약서에는 '임차인 유의사항'으로 「임차인의 제3자가 운전하여 사고가 발생하였을 시 보험혜택을 받지 못합니다」라는 내용이 부동문자로 인쇄되어 있다. 그럼에도

P 씨는 Y 씨에게 위 렌터카를 운전하게 했고, Y 씨가 P 씨를 태우고 운전하던 중에 다른 차량과 충돌하는 교통사고가 발생해 상대차량 운전자 등이 다쳤다. 조사 결과 Y 씨의 과실이 40%로 인정되었는데, 렌터카 보험사인 A사는 피해자들에게 보험금을 지급한 다음 운전자인 Y 씨를 상대로 그 중 40% 과실 부분에 해당하는 구상금을 청구했다.

한편, K렌터카 회사가 A보험사와 사이에 위 렌터카에 대하여 맺은 자동차종합보험계약 약관에는 아래의 사람이 보험의 혜택을 받는 피보험자로 기재되어 있다.

- 기명피보험자(보험증권에 기재된 피보험자, 이 사건의 경우 K 회사)
- 승낙피보험자(기명피보험자의 승낙을 얻어 차량을 사용하는 자, 이 사건의 경우 P 씨)
- 운전피보험자(기명피보험자 또는 승낙피보험자를 위하여 차량을 운전하는 자)

이 사건의 쟁점은, Y 씨가 '운전피보험자'에 해당하여 보험의 혜택을 받는 피보험자의 범위에 포함될 수 있는가 아니면 보험계약의 제3자에 해당하여 A보험사의 구상금 청구에 응해야 하는가이다.

타인이 빌린 렌터카를 대신 운전하다 사고를 낸 사람은 보험의 혜택을 받을 수 없다

'운전피보험자'는 통상 기명피보험자 등에 고용되어 피보험자동차를 운전하는 자를 의미한다. 또한 운전업무를 위하여 고용된 자가 아니라고 하더라도 기명피보험자 등으로부터 구체적·개별적인 승낙을 받고 그 기명피보험자 등을 위하여 운전을 하였다면 운전피보험자가 될 수 있다.

승낙피보험자로부터 대신 운전하라는 승낙을 받았으나, 기명피보험자는 이를 명시적으로 금지했다면? 이 사건에서 대법원은, 설령 승낙피보험자로부터 구체적·개별적인 승낙을 받고 그 승낙피보험자를 위하여 자동차 운전을 하였다고 하더라도, 그것이 기명피보험자의 의사에 명백히 반하는 것으로 볼 수 있는 경우에는 그 운전자를 운전피보험자에 해당한다고 볼 수 없다고 판시했다. 따라서 그러한 운전자가 피보험자동차를 운전하던 중 일으킨 사고로 인한 손해에 대해 보험금을 지급한 보험자는 상법 제682조에 따라 기명피보험자를 대위하여 운전자를 상대로 손해배상청구를 할 수 있다.

이 사건의 경우 렌터카계약서에 '임차인 유의사항'으로 「임차인의 제3자가 운전하여 사고가 발생하였을 시 보험혜택을 받지 못합니다」라고 부동문자로 인쇄되어 있다. 이는 K렌터카 회사(기명피보험자)가 차량임차인인 P 씨(승낙피보험자) 본인 이외의 다른 사람은 이 사건 승용차를 운전해서는 안된다는 의사를 명백히 표시한 것이라고 볼 수 있다. 따라서 K렌터카 회사(기명피보험자)의 명시적인 의사에 배치되어 운전한 Y 씨는, 설령 P(승낙피보험자) 씨의 승낙을 얻어 운전을 한 것이라 하더라도 '운전피보험자'가 될 수 없다.

한 걸음 더

다른 사람이 빌린 렌터카를 운전할 때는 조심해야

- 만약 Y 씨가 렌터카 계약 시 흔히 있는 '제2운전자(추가운전자)'로 등록이 되어 있었다면 당연히 보험혜택을 받을 수 있었을 것이다.
- 렌터카를 빌린 지인으로부터 렌터카의 운전을 부탁받는 사람으로서는, 추가운전자 등록 등 절차를 반드시 해야 하고, 그렇지 않고 운전하다가 교통사고를 야기할 경우, 종국적인 책임은 운전자가 지게 되므로 주의할 필요가 있다.

성관계도 뇌물에 해당할까?

대법원 2014. 1. 29. 선고 2013도13937 판결

사안 바라보기

뇌물이라고 하면 흔히 돈이나 값비싼 선물 등 금품을 공무원에게 주는 것을 떠올리게 된다. 만약 공무원에게 돈이나 물건을 주는 것이 아니라 여성이 어떤 대가를 바라고 공무원과 성관계를 가진다면 어떤 죄가 될까? 또 성관계를 가진 공무원을 뇌물수수죄로 처벌할 수 있을까?

뇌물은 반드시 돈이나 값비싼 선물 등 금품에 한정되지 않는다. 어떤 편의를 제공받거나 성관계를 가지는 등 형체가 없는 것도 뇌물이 될 수 있으므로, 직무와 관련해서 성관계를 가진 공무원은 뇌물수수죄로 처벌될 수 있다.

깊게 들여다보기

검사와 성관계를 가진 여성 피의자

검사가 자신이 조사하고 있는 상습절도 사건의 여성 피의자를 검사실로 소환했다. 소환한 날이 때마침 토요일 오후여서 다른 직원들은 모두 퇴근했고 검사실에는 검사와 여성 피의자 단둘이 있는 상태였다. 여성 피의자는 절도죄로 조사를 받고 있어서 자신이 구속되지는 않을까 또 무거운 처벌을 받게 되지 않을까 몹시 걱정되고, 어떻게든 담당 검사가 자신을 선처해주기를 애타게 바라는 상황이었다. 그런데 사건에 관한 대화를 나누던 여성 피의자와 검사는 신체접촉을 시작으로 검사 집무실에서 성관계까지 가지게 되었다.

그로부터 이틀 후 검사는 물건을 도난당한 마트 측과의 합의 문제를 상의

하기 위해 검사에게 전화를 한 여성 피의자를 검찰청 부근 지하철역 입구에서 만나 부근 모텔에서 다시 성관계를 가졌다.

관련 규정 돋보기

형법 제129조(수뢰)

① 공무원 또는 중재인이 그 직무에 관하여 뇌물을 수수, 요구 또는 약속한 때에는 5년 이하의 징역 또는 10년 이하의 자격정지에 처한다.

성관계도 뇌물이 될 수 있을까?

최근 공무원과 성관계를 가지는 것이 '뇌물'에 해당하는지가 쟁점이 된 사건이 있었다. 언론을 통해 보도된 이른바 '성추문 검사' 사건인데, 법률적으로는 공무원과 성관계를 가진 것을 뇌물로 볼 수 있는지 여부가 쟁점이 되었다. 이 사건에서 뇌물수수죄로 기소된 검사는 재판에서 여성 피의자와 성관계를 가진 사실은 인정했지만, 뇌물은 금품으로 그 경제적 가치를 계산할 수 있는 것이어야 하는데 성관계는 금품도 아니고 경제적 가치를 계산할 수도 없기 때문에 뇌물수수죄는 무죄라고 주장했다. 또 순간적으로 유혹을 이기지 못하고 성관계를 가지기는 했지만 여성 피의자를 선처해 주는 것을 대가로 하지 않았기 때문에 뇌물수수죄가 성립할 수 없다고 주장했다. 흔히들 '뇌물'이라고 하면 공무원에게 주는 돈이나 선물, 그렇지 않으면 식사나 술자리 접대 등 향응을 떠올리게 된다. 즉 공무원에게 돈을 주거나, 돈으로 살 수 있는 어떤 물건이나 이익을 제공하는 것이 흔히들 생각하는 뇌물의 개념이다.

그런데 성관계는 물건도 아니고, 성매매가 아닌 한 남성과 여성 사이의 성관계를 돈으로 사거나 그 경제적 가치를 계산할 수도 없다는 점에서 여성 피의자가 검사와 성관계를 가진 것을 뇌물로 볼 수 있느냐가 문제된 것이다. 또 뇌물의 한자 표기는 '賂物'이어서 물건만이 뇌물이 될 수 있는 것 아닌가 하는 생각을 할 수도 있다.

대법원, 성관계도 뇌물이 될 수 있음을 처음으로 선언

이 사건에서 대법원은 뇌물은 사람의 수요나 욕망을 충족시킬 수 있는 일체의 이익을 포함하는 것이어서 성적 욕구를 충족시킬 수 있는 남성과 여성 사이의 성관계도 뇌물이 될 수 있다고 판결했다. 그리고 검사가 절도죄로 수사를 받으면서 선처를 바라는 여성 피의자와 성관계를 가진 것과 검사 직무 사이에 대가관계도 인정되기 때문에 뇌물수수죄가 성립된다고 판단했다.

뇌물의 의미를 폭넓게 해석하다

대법원은 종래부터 뇌물은 돈이나 재산적 가치가 있는 물건에 한정되지 않고 '무형의 이익'도 포함된다고 뇌물의 의미를 넓게 해석해 왔다. 이 사건 판결은 그 중에서도 공무원이 직무와 관련해 대가관계 있는 성관계를 가진 경우에도 뇌물죄로 처벌될 수 있다는 것을 처음으로 명확히 판결했다는 데 의의가 있다. 뇌물이 반드시 돈으로 가치를 환산할 수 있는 것일 필요가 없다는 점도 간접적으로 밝힌 것으로 해석할 수 있을 것이다.

한 걸음 더

성매매 업소에서 성접대를 받은 것은 뇌물죄가 될까?

- 이 사건 대법원 판결은 처음으로 성매매가 아닌 형태의 성관계를 뇌물로 인정했으나, 성매매 업소에서 이른바 성접대를 받은 경우를 뇌물수수죄로 처벌한 사례는 이전에도 여러 건이 있었다. 뇌물을 주는 사람이 공무원에게 성매매 대가에 해당하는 뇌물을 제공한 것으로 볼 수 있기 때문에 뇌물수수죄로 처벌할 수 있다는 점에 대해 별다른 이견이 없었던 것이다.

'근로자' 개념의 유동성 - 캐디는 근로자일까?

대법원 2014. 2. 13. 선고 2011다78804 판결

사안 바라보기

골프장 경기보조원(캐디)은 골프장 시설운용자와 어느 정도 사용종속적인 관계에서 노무를 제공하고는 있으나, 사실 주된 수입원은 내장객으로부터 캐디 피(caddie fee)라는 명목으로 지급받는 봉사료다. 이들은 근로기준법('근기법')이나 노동조합 및 노동관계조정법('노조법') 상의 근로자에 해당할까?

캐디는 근기법상 근로자에는 해당하지 않는다. 반면, 노조법상 근로자에는 해당하므로, 단체교섭권이나 단체행동권이 보장되고 사용자가 노조활동을 이유로 불이익을 주거나 노조활동을 지배·간섭하였다면 부당노동행위에 해당해 구제받을 수 있다.

깊게 들여다보기

B골프장에서 무슨 일이?

B골프장 측은 2008년 9월 캐디 J 양에 대해 경기지연행위, 경기팀장에 대한 협박과 폭언 등을 이유로 출장유보처분을 내렸고, 이에 동료 캐디들이 항의하며 경기 출장을 거부하고 피켓시위 등을 벌였다. 이후 골프장 측은 캐디 4명에게 제명처분, 37명에게 출장유보처분을 내렸다. 이에 J 양을 비롯한 위 41명의 캐디들은 제재처분의 무효 확인을 청구하는 소송을 제기했다.

항소심 판단

2심법원은 원고들이 근기법 상의 근로자에는 해당하지 않으나, 노조법 상의 근로자에는 해당한다고 판단한 다음 원고별로 아래와 같은 결론을 내렸다.

원고 구분	제재사유	제재수위	판단	결론
3인	B 승인 없이 5회 이상 결장	제명	노조법상 부당노동행위에 해당하지 아니함	유효
J	팀장에 대한 폭언, 다른 노조원들에 대한 출장 거부 선동행위, 허위사실을 기재한 피켓시위	제명	경기보조원 수칙에서 부여받은 캐디의 제재에 관한 재량권을 일탈·남용하였고, 위 수칙에서 정한 소명의 기회도 부여하지 않은 절차상 잘못도 있음 (노조법상 부당노동행위에 해당하지는 아니함)	무효
나머지 37인	한차례 출장거부와 피켓시위	출장유보	노동조합활동을 지배·개입하려는 의사가 인정되어, 노조법상 부당노동행위에 해당함	무효

대법원 - 2심법원 판단을 재확인

골프장에서 일하는 캐디는 ① 골프장 시설운영자와 사이에 근로계약·고용계약 등 노무공급계약을 전혀 체결하고 있지 않고, ② 그 경기보조업무는 원래 골프장 측이 내장객에게 당연히 제공해야 하는 용역 제공이 아니어서 골프장 시설운영에 있어서 필요불가결한 것이 아니며, ③ 내장객의 경기보조업무를 수행한 대가로 내장객으로부터 직접 캐디 피(caddie fee)라는 명목으로 봉사료만을 수령하고 있을 뿐 골프장 시설운용자로부터는 어떠한 금품도 지급받지 않고, ④ 골프장에서 용역을 제공함에 있어 그 순번의 정함은 있으나 근로시간의 정함이 없어 자신의 용역 제공을 마친 후에는 골프장 시설에서 곧바로 이탈할 수 있으며, ⑤ 내장객 감소 등으로 인하여 예정된 순번에 자신의 귀책사유 없이 용역 제공을 할 수 없게 되더라도 골프장 시설운용자가 캐디 피에 상응하는 금품이나 근기법 소정의 휴업수당을 전혀 지급하고 있지도 않다는 점 등에 비추어 볼 때, 골프장 시설운용자에 대하여 사용종속관계 하에서 임금을 목적으로 근로를 제공하는 근기법 소정의 근로자로 볼 수 없다.

한편, 노조법 상의 근로자란 타인과의 사용종속관계 하에서 노무에 종사하고 그 대가로 임금 등을 받아 생활하는 자를 말한다.

그 사용종속관계는 당해 노무공급계약의 형태가 고용, 도급, 위임, 무명계약 등 어느 형태이든 상관없이 사용자와 노무제공자 사이에 지휘·감독관계의 여부, 보수의 노무대가성 여부, 노무의 성질과 내용 등 그 노무의 실질관계에 의하여 결정된다.

전통적인 '근로자' 개념 극복 노력의 일환

산업발전에 따른 직종·노동환경의 다변화에 따라 전통적인 사용자와 노동자 관계에 포섭되지 않는 특수한 노무제공형태가 다수 등장하고 있고, 이들을 기존 법질서 내에서 조화롭게 규율하는 것이 현대 노동법의 새로운 과제로 부상했다. 위 대법원 판결은 해당 직업군의 노무제공관계의 특성과 각 근거법률의 취지 등에 기초하여 그 근로자성을 개별·구체적으로 판단해야 함을 재확인한 데 의의가 있다.

'여성 아나운서'에 대한 비하발언, 모욕죄가 될까?

대법원 2014. 4. 24. 선고 2011도15631 판결

사안 바라보기

국회의원 K 씨는 식당에서 대학생들과 저녁 회식을 하던 중 "(아나운서 지위를 유지하거나 승진하기 위해서는) 다 줄 생각을 해야 하는데, 그래도 아나운서 할 수 있겠느냐"라는 말을 하였다. 이 경우 여성 아나운서 개개인에 대한 모욕죄가 성립할까?

K 씨의 말은 여성 아나운서 일반을 대상으로 한 것으로서 아나운서 개개인이 특정되지 않고 또한 개개인의 사회적 평가에 영향을 미칠 정도에까지는 이르지 않는다. 따라서 형법상 모욕죄로 처벌할 수 없다.

깊게 들여다보기

여성 아나운서들에 대한 부적절한 발언

국회의원 K 씨는 전국 대학생 토론대회에 참여한 00대 학생 약 20명과 저녁 식사를 했다. K 씨는 토론대회의 결승 논제와 관련하여 여성 로비스트에 대해 이야기하며 "결국 여성 로비스트의 최후의 무기는 몸이다."라는 취지로 말했다. 몇몇 여학생이 장래 아나운서가 되고 싶다고 하자 K 씨는 차라리 기자가 되라고 하면서, 아나운서는 기자보다 방송국 내에서 고위직에 오르기가 상대적으로 어렵고, 아나운서로 성공하기 위해서는 "다 줄 생각을 해야 하는데, 그래도 아나운서 할 수 있겠느냐. 00여대 이상은 자존심 때문에 그렇게 못하더라."라고 말했다. 이에 한국 아나운서 협회(남자 265명, 여자 295명 등록)의 회원 중 여성 아나운서 154명이 K 씨를 모욕죄로 고소했다.

관련 규정 돋보기

형법 제311조(모욕)

공연히 사람을 모욕한 자는 1년 이하의 징역이나 금고 또는 200만 원 이하의 벌금에 처한다.

'집단표시에 의한 모욕'의 구체적인 판단 기준

모욕죄는 특정한 사람 또는 인격을 보유하는 단체에 대하여 사회적 평가를 저하시킬 만한 경멸적 감정을 표현함으로써 성립하는 것이므로 그 피해자가 특정되어야 한다. 대법원은 일찍이 집단표시에 의한 명예훼손적 사실적시가 집단 구성원 개개인에 대한 명예훼손으로 인정되기 위한 기준을 제시한 바 있다. 먼저 모욕의 내용이 그 집단에 속한 특정인에 대한 것이라고는 해석되기 힘들고, 집단표시에 의한 비난 정도가 희석되어 개별 구성원의 사회적 평가에 영향을 미치지 않으면 구성원 개개인에 대한 모욕은 성립되지 않는다고 봄이 원칙이다. 예외적으로 비난 정도가 희석되지 않아 구성원 개개인의 사회적 평가에 영향을 미치는 것으로 평가될 경우에는 구성원 개개인에 대한 모욕이 성립할 수 있다. 그 판단을 위해서는 집단의 크기, 집단의 성격과 집단 내에서의 피해자의 지위 등을 구체적으로 판단해야 한다.

'여성 아나운서'라는 표시만으로는 여성 아나운서 개개인에 대한 모욕죄가 성립하지 않는다

대법원은 K 씨의 당시 발언이 여성 아나운서에 대해 수치심과 분노의 감정을 불러일으키기에 충분한 경멸적인 표현에 해당한다는 점은 인정했다. 그러나 다음과 같은 점에서 그 비난 정도가 여성 아나운서 개개인의 사회적 평가를 저하시킬 정도에는 이르지 못한다고 판단했다.

먼저 K 씨를 모욕죄로 고소한 여성 아나운서는 154명이고, 한국 아나운서 협회에 등록된 여성 아나운서의 수는 295명에 이른다. '여성 아나운서'라는 집단은 직업과 성별로만 분류된 집단의 명칭으로서 그 중에는 고소인들이 속한 공중파방송 아나운서들로 구성된 한국 아나운서 협회에 등록된

사람뿐만 아니라 유선방송에 소속되어 있거나 그 밖의 다양한 형태로 활동하는 여성 아나운서들이 존재한다. 즉 '여성 아나운서'라는 집단 자체의 경계가 불분명하고 그 조직화 및 결속력의 정도도 견고하다고 볼 수 없다.

다음으로 K 씨의 발언 대상이 그 중 K 씨를 고소한 여성 아나운서들이 속한 한국아나운서연합회만을 구체적으로 지칭한다고 보기도 어렵다. 이러한 맥락 등을 고려해 보면, K 씨의 당시 발언으로 인해 곧바로 피해자들을 비롯한 여성 아나운서들에 대한 기존 사회적 평가가 근본적으로 변할 것으로 보이지는 않는다.

또한 피해자를 비롯한 여성 아나운서들은 방송을 통해 대중에게 널리 알려진 사람들이어서 그 생활 범위 내에 있는 사람들이 문제된 발언과 피해자들을 연결시킬 가능성이 있다는 이유만으로 곧바로 그 집단 구성원 개개인에 대한 모욕이 된다고 평가하게 되면 모욕죄의 성립 범위를 지나치게 확대시킬 우려가 있다.

한 걸음 더

'집단표시에 의한 모욕'을 인정한 사례

- 대법원은 종전에도 집단의 크기, 집단의 성격과 집단 내에서의 피해자의 지위 등의 판단기준에 따라, 방송사의 변호사 수임비리 사건 관련 보도에서 '대전 지역 검사들'이라는 표현에 대하여, 방송사의 경찰 수사비리 사건 관련 보도에서 '○○지방경찰청 기동수사대'라는 표현에 대하여 각각 집단 내 개별구성원을 지칭하는 것으로 모욕죄가 성립된다고 판단한 바 있다(대법원 2003. 9. 2. 선고 2002다63558 판결, 대법원 2006. 5. 12. 선고 2004다35199 판결).

예방접종과 장애보상금, 그 상관관계는?

대법원 2014. 5. 16. 선고 2014두274 판결

사안 바라보기

생후 7개월된 영아가 보건소에서 예방접종을 받은 다음날 10~20초씩 의식을 잃고 경련 등 복합부분발작 장애 증세를 보였다. 보호자인 아빠는 치료를 마친 후 영아를 대리하여 보건복지가족부장관에게 진료비와 간병비를 신청하여 이를 지급받았다. 그런데 그로부터 10년이 지나 그 아이에게 다시 발작 증상이 나타나면서 증세가 악화되어 종합장애등급 1급(간질장애 2급 및 지적장애 3급) 판정을 받았다. 아이의 아빠는 아이를 대리하여 다시 보건복지가족부장관에게 장애일시보상금을 신청했다. 아이는 장애보상금을 받을 수 있을까?

예방접종과 장애 사이에 인과관계가 있으므로 장애보상금을 받을 수 있다.

깊게 들여다보기

건강하기 위해 맞은 예방접종, 그러나 …

생후 7개월된 H 양은 1998년에 집 근처에 있는 00시 보건소에서 DTaP 백신 주사를 맞고 경구용 소아마비(Polio) 백신을 투여받았다. 예방접종 다음 날 H 양은 10~20초씩 의식을 잃고 온몸의 경련과 왼팔이 굳는 등 복합부분발작(complex partial seizure)장애 증세를 보였다. H 양의 아빠 N 씨는 아이의 치료를 마친 후 보건복지가족부장관에게 진료비와 정액 간병비 보상을 신청해 예방접종 피해보상액으로 합계 2,422,000원을 받았다. 그로부터 10년이 지난 2008년 H 양은 발작 증상이 재발되면서 증세가 악화되어 종합장애등급 1급(간질장애 2급 및 지적장애 3급) 판정을 받았고, N 씨는 다시 예방접종 피해보상액으로 장애일시보상금을 신청하였다. 예방접종피해보상심의위원회는 "현시점에서는 난치성 간질과 백신 사이의 인과관계를 인정할 수 없다."는 취지로 의결했고 보건복지가족부장관은 이에 따라 장애보상금 신청과 장애인정을 모두 거부했다. 해당 도지사를 통해 위 결정을 통보받은 00시장이 H 양과 N 씨에게 이를 알렸다.

예방접종과 10년 후 발생한 장애 사이에는 인과관계가 있나?

H 양은 예방접종을 받기 전까지는 정상적인 발육과 발달 과정을 보인 건강한 아이로서 발작을 의심할 만한 증상이 전혀 없다가 위 예방접종을 받은 다음 날 경련 등 복합부분발작 장애 증세가 나타났다. 따라서 예방접종 이외에 다른 원인이 있을 수 있다는 증거가 전혀 없었다. 질병관리본부장은 위 최초 발작 장애 증세의 원인이 예방접종 백신이 아니라는 근거가 없다고 보고 진료비 등을 지급하기도 했다. 또한 의학적으로 DTaP 백신은 독성으로 인한 간질 등 장애 발생 가능성이 있기 때문에 대법원은 예방접종으로 인해 H 양에게 복합부분발작 장애가 발병했고 이러한 장애가 악화되어 간질 등의 후유장애가 발병했다고 볼 수 있다고 판단했다.

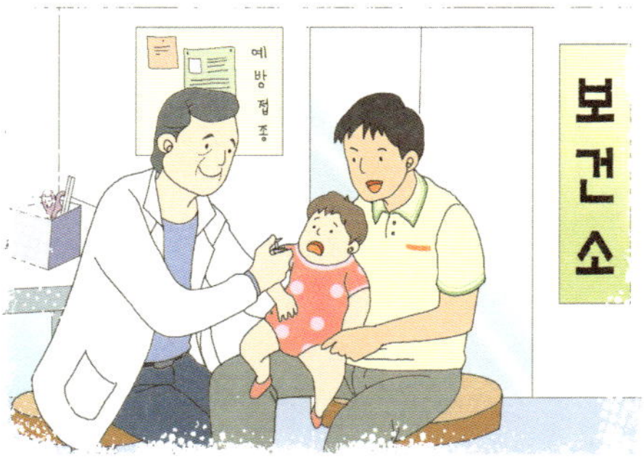

인과관계 입증의 완화를 통한 피해자 권리구제 강화

예방접종을 받은 때로부터 10년이 지난 후에 발생한 장애는 예방접종과 인과관계가 없다고 생각할 수도 있다. 그러나 대법원은 "예방접종으로 인한 부작용으로 사망이라는 중한 결과까지 이를 수 있는 반면, 그 장애 등의 발생 원인은 명확하지 않고 현재 의학수준으로도 부작용을 완전히 방지할 수 없다."

고 보았다. 그러므로 전염병 예방법에 의한 보상을 받기 위해 요구되는 인과관계는 반드시 의학적으로나 자연과학적으로 명백히 증명되어야 하는 것은 아니라고 하여 인과관계 입증을 완화했다. 예방접종으로 인한 부작용에 대한 보상이 제대로 이뤄지지 않는 현실에서, 피해자가 '예방접종 전에는 없던 증상이 일정한 기간 내에 나타났다는 사실'을 증명하면 구제받을 수 있도록 피해자 권리를 강화한 것이다. 또한 예방접종으로 인한 장애 등의 인정 권한을 보건복지가족부 장관에게 부여한 것은 그 판단에 고도의 의학지식이 필요하고 통일적 기준이 필요하기 때문으로서 장관의 재량에 속하지만, 이 사건에서 예방접종과 장애 사이의 인과관계를 인정할 요건이 충분함에도 이를 부정한 것은 재량권의 한계를 벗어난 것이라고 판단했다.

한 걸음 더

이러한 사건의 피고는 질병관리본부장? 기초단체장?

- 이 사건에서 H 양을 대리한 N 씨는 질병관리본부장을 피고로 하여 소송을 제기했고, 1, 2심 법원은 위 질병관리본부장이 처분을 취소해야 한다는 판결을 선고했다. 그러나 대법원은 '질병관리본부장이 해당 도지사에게 한 심의결과 통지는 행정기관의 내부적 행위에 불과하고, 대외적으로 보상금 지급 여부에 대한 의사를 표시할 수 있는 권한이 있는 자는 거주지 기초단체장인 00시장이므로 00시장이 피고가 되어야 한다'라고 판시했다(구 전염병예방법 시행령 제19조의4 참조).

환자가 원하여 수혈 없이 수술하다가 환자가 사망하면 의사는 처벌받을까?

대법원 2014. 6. 26. 선고 2009도14407 판결

사안 바라보기

여호와증인 신도인 환자가 수술 전 의사에게 종교적 신념에 따라 어떠한 경우에도 수혈하지 말 것을 요구했다. 의사는 수술 전날과 당일 환자와 그 가족에게 "수술 도중 대량 출혈이 발생할 가능성이 있고 그 경우 수혈을 하지 않으면 사망할 가능성이 높다."고 알렸는데 환자는 일관되게 수혈을 강력히 거부했다. 의사가 수술을 시행하던 중 환자에게 과다출혈이 발생하여 이를 가족에게 알렸으나 가족들은 수혈 여부에 대한 확실한 답을 못했다. 그 과정에서 환자의 출혈이 계속되어 의사는 수술을 중단하였지만 환자는 사망하고 말았다. 의사는 처벌받게 될까?

의사가 자신의 직업적 양심에 따라 환자의 자기결정권을 존중해 수혈하지 않고 수술을 시행했으므로 업무상과실치사죄에 해당하지 않는다.

깊게 들여다보기

의사는 수술하면서 왜 환자에게 수혈을 하지 않은 걸까?

D 씨는 A대학교병원 정형외과 의사이고, J(여, 62세) 씨는 여호와증인 신도이다. J 씨는 통증에 시달리던 오른쪽 고관절을 인공 고관절로 바꾸는 수술을 받고자 A대학교병원을 찾았는데, 자신의 종교적 신념에 따라 다른 사람의 피를 수혈받지 않고 수술받기를 원했다. D 씨는 J 씨와 그 가족에게 "상황에 따라서는 수혈을 하지 않으면 출혈로 사망할 수 있다."고 설명했고, J 씨는 "설령 수술 도중 수혈이 필요하게 되더라도 수혈을 원치 않으며 자신이 무의

식상태가 되더라도 이 방침은 변하지 않는다."는 각서까지 작성했다. D 씨는 수술 직전 다시 의사를 물었는데 J 씨는 여전히 수혈을 강력하게 거부했다.

그런데 수술 도중 과다출혈로 J 씨에게 수혈이 필요한 상황이 발생했고, 의료진이 가족들에게 수혈 여부를 물었으나 가족들 사이에도 의견이 나뉘었다. 그 과정에서 J 씨의 출혈이 계속되어 D 씨는 수술을 중단하고 J 씨를 중환자실로 옮겼다. 그 후 가족들 모두가 수혈을 원했으나 이미 때가 늦어 수혈을 할 수 없었고, 결국 J 씨는 과다출혈로 사망했다.

관련 규정 돋보기

형법 제268조(업무상과실·중과실치사상)

업무상과실 또는 중대한 과실로 인하여 사람을 사상에 이르게 한 자는 5년 이하의 금고 또는 2천만 원 이하의 벌금에 처한다.

업무상과실치사죄로 기소된 의사 D 씨, 그는 죄인인가?

검사는 "D 씨가 수혈 없이 J 씨의 수술이 가능하다고 잘못 판단했고, 환자의 생명이 위급한 경우에는 생명을 구하기 위해 수혈을 할 의무가 있음에도 이를 이행하지 않았다."며 그를 업무상과실치사 혐의로 기소했다. 대법원은 "의사가 환자의 뜻에 따라 무수혈을 전제로 환자의 승낙을 받아 수술하던 중 응급상태가 발생한 경우 환자의 생명을 보존하기 위해 수혈 선택을 고려하는 것이 원칙이나, 환자의 자기결정권을 존중할 의무가 환자의 생명 보호와 같은 정도로 중요한 가치를 가질 때에는 이를 고려하여야 한다."고 했다.

환자의 나이, 지적 능력, 수혈 거부 배경과 경위 및 목적, 수혈 거부 의사가 일시적인 것인지 아니면 상당한 기간 동안 지속되어 온 확고한 종교적 또는 양심적 신념에 기초한 것인지 등을 고려하여 판단해야 한다는 것이다. 다만 환자의 생명과 자기결정권을 비교하기 어려운 특별한 사정이 있는 경우 의사가 직업적 양심에 따라 어느 하나를 존중하여 행동했다면 처벌할 수 없다고 했다.

의사로서 최선을 다하면서도 환자의 자기결정권을 존중한 의사, 처벌대상이 아님을 확인

생명권은 그 무엇과도 비교할 수 없는 가치를 가지므로 의사는 어떠한 경우라도 환자의 생명을 구하기 위한 모든 조치를 취해야만 하는 것으로 생각하기 쉽다. 그러나 이 판결은 환자의 자기결정권도 인간으로서의 존엄과 가치 및 행복추구권에 기초한 가장 본질적인 권리이므로, 환자가 특정 치료방법을 거부하는 것이 자살 목적이거나 제3자의 이익을 침해하는 것이 아니며 생명과 대등한 가치로 평가될 수 있다면 환자의 자기결정권도 생명권과 마찬가지로 존중되어야 함을 선언했다는 점에 의의가 있다.

한 걸음 더

환자가 수혈을 거부했다면 의사는 항상 무죄?

- 환자가 수혈을 거부했다 하더라도 의사가 수술 과정에서 수혈을 하지 않은 것이 죄가 될 수도 있다. 위 판결에 의하면 의사의 무수혈방식 수술이 정당성을 인정받기 위해서는 환자가 거부하는 치료방법, 즉 수혈 및 이를 대체할 수 있는 치료방법의 가능성과 안정성 등에 관한 의사의 설명의무 이행과 이에 따른 환자의 자기결정권 행사에 어떠한 흠도 없어야 한다. 즉 이러한 경우 의사는 수술 필요성에 대하여 더욱 신중하게 판단해야 하고, 출혈 위험을 최대한 줄이는 사전준비나 시술방법을 시행해야 하며, 수술 과정에서 예상과 달리 다량 출혈의 위험이 현실화되었다면 수술을 계속하는 것이 최선의 진료방법인지 다시 판단해야 한다. 이러한 요건들이 갖춰지지 않으면 의사가 형사처벌을 받을 수 있다.

초과베팅에 대한 강원랜드의 묵인, 불법일까?

대법원 2014. 8. 21. 선고 2010다92438 전원합의체 판결

사안 바라보기

G 씨는 수년간 강원랜드가 운영하는 카지노에서 게임을 하다가 거액을 탕진하고 말았다. 강원랜드의 규정에는 카지노 게임 시 1회 베팅 최고 한도액이 정해져 있는데, G 씨는 다른 사람들을 시켜 자신 대신 베팅하게 함으로써 1회 베팅 한도액을 초과하는 베팅을 해왔고, 강원랜드의 직원들도 사실상 이를 묵인해왔다. G 씨는 강원랜드가 고객에 대한 보호의무를 저버리고 이와 같은 묵인행위를 하는 바람에 자신이 도박으로 거액을 탕진하게 된 것이라면서 강원랜드를 상대로 손해배상을 청구했다.

과연 강원랜드는 고객을 보호할 의무를 위반한 것일까?

카지노 게임에서 1회 베팅 한도액을 정한 규정은 개별 이용자의 재산 손실을 방지하기 위한 것이 아니므로 강원랜드가 G 씨에 대한 보호의무를 위반한 것이 아니다. 따라서 불법행위가 성립하지 않는다.

깊게 들여다보기

1회 베팅 한도액 초과행위와 강원랜드의 묵인

G 씨는 2003년부터 2006년까지 총 333회에 걸쳐 강원랜드 운영의 카지노에서 게임을 하다가 약 231억 원을 잃었다. 구 폐광지역지원법 시행령에서는 '카지노 이용자의 과도한 사행심 방지를 위하여 거는 금액을 제한할 수 있다'고 규정하고 있고, '폐광지역 카지노사업자의 영업준칙'에서는 강원랜드의 영업장에서 카지노 게임 1회 베팅금액을 제한하는 규정을 두고 있다. G 씨는

카지노에서 게임을 하면서 다른 사람으로 하여금 자신을 대신하여 베팅하도록 하는 이른바 '병정'을 이용해 1회 베팅 한도액을 초과한 베팅을 했는데, 당시 강원랜드 소속 직원들은 이를 묵인했다. G 씨는 자신이 '병정'들을 내세워 베팅 한도액을 초과하는 것을 강원랜드 소속 직원들이 묵인한 행위는 고객에 대한 보호의무를 위반한 것이라고 주장하고 있다.

카지노 이용자도 자기책임의 원칙을 따라야

개인이 자신의 자유로운 선택과 결정에 따라 행위를 하고 그 결과를 다른 사람에게 전가하지 아니한 채 스스로 감수하여야 한다는 '자기책임의 원칙'은 카지노사업자와 카지노 이용자 사이의 법률관계에서도 적용되어야 한다. 카지노 영업장에 찾아가 게임을 할 것인지는 카지노 이용자 자신이 결정하는 것이고, 게임의 승패에 따라 건 돈을 잃을 위험이 있음을 알면서도 이를 감수하고 게임에 참여한 이상 그 결과 역시 카지노 이용자 자신에게 귀속되는 것이다.

관련 법령에 분명한 근거가 없는 한, 카지노사업자에게 카지노 이용자의 이익을 자신의 이익보다 우선하거나 카지노 이용자가 카지노 게임으로 지나친 재산상 손실을 입지 않도록 보호할 의무가 있다고 보기는 어렵다.

예외적으로 카지노 이용자에 대한 보호의무 발생

다만, 자기책임의 원칙도 개별 사안의 구체적 사정에 따라 신의성실이나 사회질서 등을 위하여 제한될 수는 있다. ① 카지노 이용자가 자신의 의지로는 카지노 이용을 제어하지 못할 정도로 도박 중독 상태에 있을 경우, ② 카지노사업자도 이를 인식하고 있거나 조금만 주의를 기울였더라면 인식할 수 있는 상황, ③ 카지노 이용자나 그 가족이 법령 등에 의한 보호를 구하는 요청을 하였음에도 이를 이행하지 않은 경우, ④ 카지노사업자가 영업제한규정을 위반하여 카지노 영업을 하는 경우 등이다.

이처럼 카지노 이용자의 재산상실에 관한 주된 책임이 카지노사업자에게 있고, 카지노 이용자의 손실이 카지노사업자의 영업이익으로 귀속되는 것이 사회 통념상 용인될 수 없을 정도에 이르렀다고 볼만한 사정이 있는 경우에는 예외적으로 카지노 이용자에 대한 보호의무 내지 배려의무 위반을 이유로

한 손해배상책임이 인정될 수 있다.

초과베팅 묵인행위는 불법행위가 아니라고 판단

카지노 게임 1회 베팅금액을 제한하는 규정이 과도한 사행심 유발을 방지하기 위한 것임은 맞다. 그러나 나아가 개별 이용자의 재산상 손실을 방지하기 위한 규정이라고는 보기 어렵다.

즉, 강원랜드의 카지노는 1년 동안 하루도 쉬지 아니하고 개장하고 1일 20시간 운영할 수 있는데, 카지노 이용자가 반복하여 게임을 하는 경우에는 아무리 베팅한도액을 준수한다 한들 이용자의 손실 규모는 커질 수 있는 것이다. 따라서 강원랜드 소속 직원이 초과베팅을 묵인함으로써 베팅한도액 제한 규정을 위반하였다고 해도 이것이 곧 G 씨에 대한 보호의무를 위반한 것으로서 불법행위가 성립한다고 할 수는 없다.

자기책임의 원칙과 카지노 이용자 보호 사이의 합리적 균형 확인

카지노와 같은 사행산업은 처음부터 그 이용자의 재산상실 위험이 내재해 있다. 그러므로 이 사건 판결은 카지노 이용자는 게임에 참여할지를 스스로 결정하고 그 결과 역시 받아들여야 한다는 자기책임의 원칙을 선언한 데에 큰 의의가 있다. 한편 카지노사업자가 이용자의 도박중독 상태를 알면서도 영업제한규정을 위반하고 부정한 이윤을 얻는 경우와 같이 사회 통념상 용인될 수 없는 행위에는 손해배상책임을 인정해 카지노 이용자를 보호할 여지를 남겨 두었다.